MANUAL DO PAI SOLTEIRO

Aggeo Simões
MANUAL DO PAI SOLTEIRO
Amor e humor pra levar a vida

1ª edição

BestSeller

Rio de Janeiro | 2013

CIP-BRASIL. CATALOGAÇÃO-NA-FONTE
SINDICATO NACIONAL DOS EDITORES DE LIVROS, RJ

S612m   Simões, Aggeo
         Manual do pai solteiro / Aggeo Simões. – Rio de Janeiro: BestSeller, 2013.

         ISBN 978-85-7684-747-2

         1. Pai divorciado. 2. Pai e filhos. I. Título

13-2153.   CDD: 306.8742
                                                            CDU: 392.312

Texto revisado segundo o novo Acordo Ortográfico da Língua Portuguesa.

Título original
MANUAL DO PAI SOLTEIRO
Copyright © 2013 by Aggeo Lúcio Ribeiro Simões

Editoração eletrônica: Ilustrarte Design e Produção Editorial

Todos os direitos reservados. Proibida a reprodução,
no todo ou em parte, sem autorização prévia por escrito da editora,
sejam quais forem os meios empregados.

Direitos exclusivos de publicação em língua portuguesa para o Brasil
adquiridos pela
EDITORA BEST SELLER LTDA.
Rua Argentina, 171, parte, São Cristóvão
Rio de Janeiro, RJ – 20921-380

Impresso no Brasil

ISBN 978-85-7684-747-2

Seja um leitor preferencial Record.
Cadastre-se e receba informações sobre nossos lançamentos e nossas promoções.

Atendimento e venda direta ao leitor
mdireto@record.com.br ou (21) 2585-2002

Por meu pai, Aggeo e minha mãe, Mayave,

Por meu tio Guto,

E para minha filha, meu amor, Ava.

PREFÁCIO

Quando me separei, em 2005, minha filha tinha apenas um ano e meio. Além de ir em busca de um novo lar pra gente e recomeçar tanta coisa (minha vida, em alguns aspectos), eu tive de aprender a ser pai sem a presença constante da mãe, que estava sempre apoiando, criticando ou dizendo que ela faria melhor.

Achei que não ia dar conta; depois, achei que seria fácil, e com o tempo fui caindo na real: a gente aprende o tempo todo, e é preciso cumprir os desafios que a vida traz, um a um, sem pressa. E damos conta, nem que seja depois de uma dose de uísque.

Durante a primeira infância (até os 7), as crianças evoluem rápido demais. Quando bebês, às vezes, as mudanças são de um dia pro outro. Eu boiei bastante nessa época por nunca ter praticado antes uma comunicação não verbal. Os nenéns se comunicam por olhares, choro, sorrisos, carinho, muito mais a praia das mulheres. A coisa melhora para os pais depois dos 5 anos. Dá pra conversar na boa, argumentar, trocar ideias, contar piadas, ver filmes interessantes, jogar baralho, cozinhar, torcer juntos pelo time do coração. A transição entre a infância e a pré-adolescência é também cheia de conflitos e descobertas. Mas vamos tratar de uma coisa de cada vez: isso já é assunto para o volume 2 do *Manual*.

Foram muitas as minhas fontes de inspiração para este livro. Além de minha própria experiência, fiquei sabendo de vários casos: homens eram maridos e pais carinhosos e atenciosos até que se divorciaram. Muitos nunca mais mostraram a cara, sumindo inclusive para os filhos. Tem o cara que é um ex-marido amigo e pai atencioso até o dia em que a ex-mulher começa a namorar: aí passa a atrasar a pensão e a seguir a ex. Tem o cara que é um ex-marido amigo e pai atencioso até o dia em que se casa de novo. Passa, gradativamente, a se distanciar dos filhos até que desaparece. Tem também o cara que casa com uma moça que já tinha uma filhinha, registra a menina em seu nome e, quando se separa, pede a guarda compartilhada. E tem o cara que, além de um paizão, é amigo da ex a ponto de viajar horas para lhe dar apoio num pós-operatório. Histórias reais. Algumas revoltantes, outras comoventes.

As coisas estão mudando. De 2000 a 2010 dobrou no Brasil o número de casais que optaram pela guarda compartilhada, o que é uma ótima notícia. Claro, separações são traumáticas para todos os envolvidos, e isso não vai mudar. Mas ver os filhos a cada quinze dias, apenas aos finais de semana, não é suficiente para as crianças, fica parecendo pura obrigação. Muito pior é abandoná-los. Não faz parte das características do homem do século XXI. Tomara que o fenômeno do "pai fujão" seja cada vez mais raro com o passar dos anos.

Vários casais se separam com filhos ainda na primeira infância. Troquei experiências com amigos – principalmente amigas mães – e me aconselhei com especialistas. Acabei ouvindo muita coisa útil e muitas opiniões retrógradas a respeito do mal que a separação causa aos filhos pequenos, o que foi mais um incentivo pra escrever este livro. Não digo que seja fácil, muito menos pra criança. Mas a solução seria um casamento de aparências? Obrigar filhos a suportar brigas frequentes? Casamento aberto?

A mãe da minha filha e eu, tão logo nos separamos, adotamos a guarda compartilhada, e nossa menina é uma criança como qualquer outra: carinhosa, levada, saudável, inteligente. Mas passamos por alguns momentos delicados, como ciúme de namorados, desentendimentos quanto aos nossos dias com a pequena e, claro, divisão de despesas. Nada que desse vontade de voar na jugular um do outro. Sempre é bom lembrar que, assim como a paternidade e a maternidade, ex é pra sempre. Se não houver amizade, que haja civilidade.

Neste livro, compartilho histórias, descobertas, incertezas, dúvidas, dicas e aventuras que apareceram pelo caminho de um pai solteiro. E a cada dia vejo que sou muito sortudo de ter a companhia que tenho: minha filha. Bem-vindo ao *Manual do pai solteiro*!

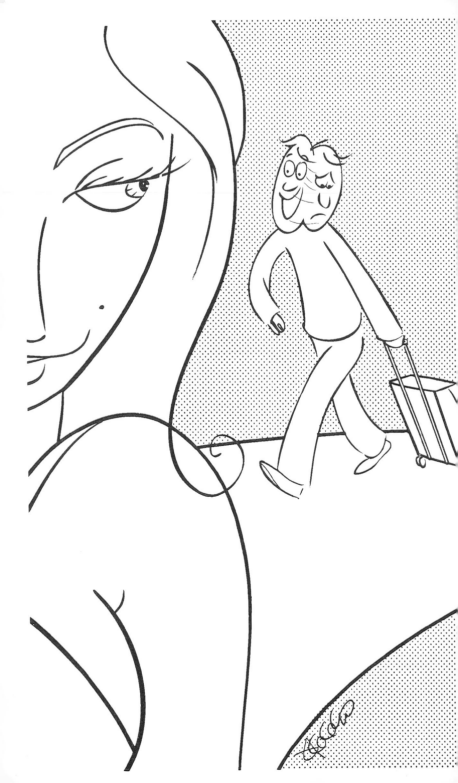

INTRODUÇÃO

Se você tem a oportunidade de ler estas linhas pouco antes ou pouco depois de se separar efetivamente, vai escapar de muita roubada em que eu, amigos e conhecidos entramos, e que registrei aqui para que nenhum homem passe mais por isso. Do tipo contratar babás novinhas e gostosas, arrumar uma namorada simpatizante do *No kidding!* ou dividir apartamento com um amigo que também acabou de se separar.

Quando saí de casa, fiquei com muito medo que minha filha, com um aninho e meio, esquecesse que eu era seu pai, de minha ex-mulher ir morar em outra cidade e levar nossa pequena, de perder moralmente a paternidade para um novo namorado da mãe, de não dar conta de ficar sozinho com minha filha e cuidar bem dela, de minha filha acabar torcendo pro Cruzeiro, eu sendo atleticano doente, de ficar triste pra sempre num apartamento de dois quartos. Minha experiência vem desses erros e acertos em busca de uma felicidade pós-conjugal com filhos. Já vi casais que se separaram e na semana seguinte estavam felizes e excitados com o novo momento, brindando juntos a solteirice recente. Por outro lado, já vi também até tentativa de suicídio. Entre esses dois extremos, estou eu com tantos outros que, apesar de tudo, querem, no menor tempo possível, passear no shopping e não ficar tristes ao ver um casal apaixonado com seu filhinho no colo. Enquanto não criarem um remédio contra o ciúme, contra a incompatibilidade de ideias e objetivos de vida ou contra o enfraquecimento do desejo, os casais se separarão. Mas passados alguns meses — no máximo uma dúzia deles —, é perfeitamente possível ser um homem solteiro com filhos, vivendo ao máximo o esplendor de nossa idade, experiência, liberdade e responsabilidade. Isso significa ter uma vida normal: tomar conta da prole, viajar, namorar, cair na balada, trabalhar (virado na madrugada), malhar e ter um bom relacionamento com a ex. É claro que as crises acontecem, mas, se o objetivo final for a felicidade dos filhos, elas têm de passar. E rápido.

Aqui, falo de várias coisas, desde a mudança para um novo lar até dicas culinárias, coisas simples, é claro. No caso de você não ter a menor intimidade com o fogão, falarei sobre um espaguete com frango desfiado e creme de leite que é adorado pela maioria das crianças ou até sobre um prato para surpreender a nova namorada. Tem também dicas de moda, de comportamento, de paquera, de atividades com seus filhos; ou seja, tudo que você queria saber sobre o melhor dos dois mundos: ser pai e solteiro.

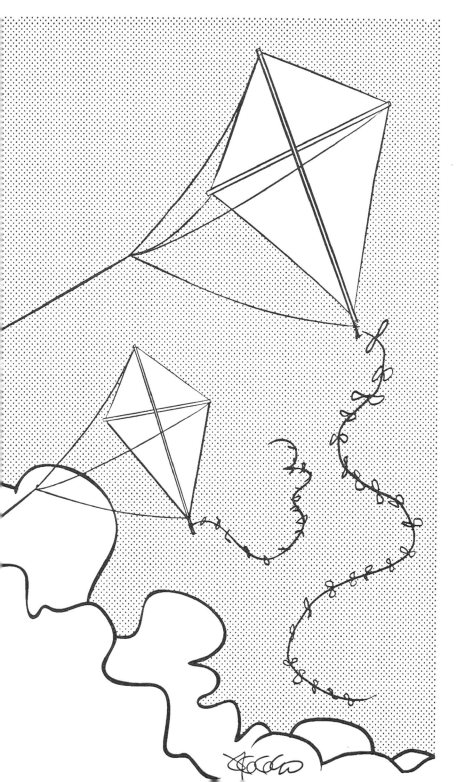

PAI SOLTEIRO

Nada que remeta por analogia àquele quadro triste da mulher abandonada, com um barrigão, perdendo a juventude para cuidar sozinha de sua prole. Para a nossa sorte, mulheres quase nunca abandonam seus filhos. Entenda-se "Pai Solteiro" simplesmente ser pai e solteiro. Socialmente, é melhor que divorciado ou separado; logo de cara essas palavras implicam a existência de outra pessoa, de outra vida. Solteiros não. É leve como uma pluma. Ser pai solteiro é ser um pai responsável, carinhoso e autônomo e continuar curtindo a vida de solteiro, além de trabalhar, cuidar da casa, orientar a empregada, fazer compras etc., sem se esquecer de que você tem na mãe da criança uma parceira nessa linda e às vezes cansativa tarefa. O que eu percebi nesses anos de pós-separação é que basta saber dividir seu tempo e dar amor à sua criança. Amor é do que elas mais precisam, e vem em várias formas: atenção, interesse, carinho, disponibilidade, paciência, limite, cuidado. Mas, para que a gente esteja em condições de dar conta disso tudo, é preciso estar bem. Do que adianta encarar essa maratona de afazeres deixando de lado as coisas de que a gente gosta? Pois é, quanto mais felizes com a nossa vida, mais iremos transmitir essa felicidade aos nossos filhos. Ou seja, saber tomar conta e dar atenção a si mesmo também é uma forma de amar nosso filho. Boa desculpa, né? E é a mais pura verdade. É como dizem aquelas lindas aeromoças: "Ponha primeiro a máscara de oxigênio em você e depois em seu filho." Mas atenção: não devemos ser pais-solteiros, assim com hífen, o que implica as duas coisas acontecendo juntas. Na hora de ser pai, ser pai; na hora de ser solteiro, daí é bagunça, festa, namoro, adolescência tardia e por aí vai. Mulheres nascem adultas, homens morrem crianças.

Fim de casamento é uma das coisas mais sofridas que já vivi. O fato de um não estar feliz faz o outro sofrer muito, mas, quando um começa a buscar essa felicidade sozinho ou com pessoas fora do relacionamento, é de matar. Independente do lado que você esteja, são poucas as pessoas que saem bem de um casamento. Nesse momento, não seja exigente consigo. Faça o que der conta, vá com calma, pois a nuvenzinha negra vai passar. Teoricamente, ninguém quer terminar. Se pudéssemos, seríamos tão longevos no casamento quanto nossos avós. Mas, como todo mundo sabe, ou acaba o tesão ou o respeito, ou as duas coisas. E não dá pra viver junto muito tempo sem eles. É isso aí. E é pra frente que se anda.

SE ALGUÉM PERGUNTAR POR MIM, DIZ QUE FUI POR AÍ

Planejar a saída de casa é um bom começo do fim. Não se trata de frieza; pelo contrário, poupa stress e poupa as crianças de mudanças súbitas de rotina. É bem melhor do que esperar a gota-d'água e sair gritando e xingando. É bom conversar com sua futura ex sobre como será a vida depois que você sair. Um flat ou apartamento mobiliado (onde a locação é rápida, descomplicada e por períodos menores) é uma boa opção no caso de urgência. Se for possível, alterne alguns dias entre seu lar provisório e o sofá da casa da ex para preparar os pequenos. Leve a criança para visitar "o novo apartamento do papai", mas não se esqueça de colocar redes de segurança nas janelas. Isso é essencial tanto para a criança quanto para sua cabeça, que deve andar a mil. Tranquilidade para ver o jogo do seu time na sala enquanto a criança brinca ou assiste a um DVD no quarto dela em segurança. É claro que, de vez em quando, é bom dar uma olhadinha pra ver se está tudo bem. E não pode ser só no intervalo do jogo, não: crianças conseguem fazer coisas improváveis em menos de cinco minutos. Se forem hiperativas, abaixe esse tempo para trinta segundos.

DICA: Estar com seu filho ou filha não é estar necessariamente colado a ele ou ela. Nesse momento, logo que saímos de casa, a gente precisa mais deles do que eles de nós. Até certa idade da criança, mãe e filho se completam. Mas não significa que você tenha que sumir. Se está sem cabeça pra cuidar de filho nesse momento, tudo bem. Mas em algum dia da semana arrume um jeito de levá-lo pra almoçar, busque-o na escola ou assista a um filme com ele. Depois que você estiver estabilizado e acostumado à nova vida, tudo será bem mais fácil.

Caso tenha que recorrer a algum amigo ou familiar para passar esse período de purgatório — ou seja, enquanto você não tem seu lugarzinho amado, seu pequeno bangalô, seu cantinho, seu cafofo, ou, resumindo, um LAR —, tente pensar em quem seria a pessoa ideal para te dar esse pouso provisório. Mas pense exclusivamente em si: você é o lado frágil; você está tentando reconstruir a sua vida. Nada de ir pra casa daquela amiga que está com dificuldades para pagar o aluguel. Morar com mulher agora só no próximo casamento, pra não perder a graça nem enjoar. Também não cogite ficar com a casa e sua ex sair. Acontece apenas quando há um bom motivo, como ela ter outro imóvel disponível e você não, por exemplo. Quando a decisão é vender o imóvel e dividir por dois, ok também. Mas ela deve ficar até fecharem o negócio. A mãe de sua criança, por mais que você esteja magoado, ou ela com você, não deixa de ser a mãe de sua criança e terá sempre primazia. Se você se pergunta por quê, eu lhe digo: ela carregou sua criança nove meses e a amamentou por outros tantos. Sua filha a ama e precisa dela. Muito.

ROUBADA: Nunca peça para se instalar por uns tempos na casa de um amigo casado que tem um quarto sobrando. A não ser que seja por um, dois dias. Além de ser uma péssima companhia para alguém que se separou (afinal, você não quer ficar vendo como algumas pessoas são felizes no casamento agora!), tem aquele ciuminho da esposa quando você convida o amigo para um chope, e aquele ciuminho do marido quando você chega em casa primeiro do que ele. Ou seja, você pode ser o pomo da discórdia num lar aparentemente feliz. E esse peso na consciência é tudo o que você não precisa.

Casa de mãe também não é a melhor ideia. Ela continua casada com seu pai, e os dois vão martelar isso na sua cabeça todo dia, falando como eles passaram por crises e ainda estão juntos, tentando fazer você mudar de ideia. Ou até podem lhe dar os parabéns e meter o pau na sua ex contando histórias que até então você não sabia. Se sua mãe é viúva ou separada, vai lhe dar aquele colinho gostoso e aconchegante. Mas o que você precisa agora é de alguém que te ponha pra frente, não que o faça voltar ao útero. Caso contrário você poderá ficar lá por anos, tanto por conveniência quanto por possíveis chantagens emocionais da mamãe que graças à sua presença e à do neto encontrou mais alguma coisa pra fazer além de ir à missa e ver novela. Quanto mais rápido você aprender a se virar sozinho, melhor (você já ouviu isso quando estava pra sair da casa de seus pais). E ainda existe a possibilidade de sua mãe ter um namorado, e filho em casa não seria exatamente o que ela gostaria, mas nunca admitiria. Ou seja, se puder, procure outra opção. Mães são para as mulheres que saem de casa. E que voltam. Por outro lado, a casa de seu pai pode ser uma boa ideia, desde que ele a ofereça com sinceridade (a gente sabe). Pais de recém-separados são normalmente ótimas companhias. Eles viveram uma época em que ser homem era estar certo e vão tentar te provar que possuir um pênis é uma vantagem por si só. Mesmo sabendo que hoje nossa maior vantagem é poder repetir o terno em vários eventos, algumas mentiras podem levantar o astral quando são bem contadas.

ROUBADA 2: Mais um para você evitar como colega de apartamento é aquele amigo recém-separado como você, perdido como você, procurando se afirmar como você e que provavelmente tem filhos como você. Tá entendendo, né? Nesses momentos, os iguais não se ajudam. Eles competem. Ambos estão precisando da companhia de pessoas felizes e bem-resolvidas, com aquela paciência de Jó para escutar e dar conselhos que mal são ouvidos. E ambos estão querendo a atenção das mulheres, querendo provar pra si e para o outro que não se deixam abater. Fuja léguas. Nem que seja por um dia. Vai perder o amigo se topar.

Nesse momento, o que a gente precisa é de um bom amigo solteiro ou separado há tempos. Vá lá, pode ser uma amiga solteira também, principalmente se for lésbica. Uma pessoa legal que respeite seu momento, acompanhe em algumas bebedeiras e esteja a fim de ouvi-lo quando você precisar de um ombro, sem cobrar de você postura alguma. Provavelmente, ele já se separou há tempos, ficou na casa de um amigo e, por fim, se mudou. Vai devolver a você o carinho que aquele amigo teve para com ele. Vai contar com orgulho como foi o processo de separação. Ele não precisa ser necessariamente seu melhor amigo, basta ter um quarto sobrando e estar tranquilo para hospedar você por uns tempos. Um mês, ou talvez um pouco mais, é suficiente. É bom que você diga já de cara quanto tempo pretende ficar pra ver se está tudo bem. Quanto à questão de grana, mesmo que esse amigo esteja bem de vida, você, que é um cara educado, deve fazer compras de vez em quando, se oferecer para ajudar no aluguel ou pagar alguma despesa, como a conta de luz ou de condomínio. E deixe um presentinho para a casa quando se despedir. A época do ogro mal-educado já passou. Ah, e nunca seja bagunceiro, mesmo se ele for. Ninguém gosta de bagunça que não a própria. O cara tá ajudando você, se esforce.

COMPANHIA E CIA.

Passado o olho do furacão, você com certeza vai repensar sua vida, alugar ou comprar um imóvel que se tornará seu lar de verdade, até quem sabe arrumar uma companhia. É bom dizer de cara pra ela que você é pai. Existem homens e mulheres que não gostam de conviver com crianças. É um direito deles, mas pra nós pode ser um terror ter que optar sempre por um ou outro. Foi o que aconteceu comigo: aquela linda garota de 25 anos que conheci num inferninho, além de beber Jack Daniel´s como um velho do Tennessee, era totalmente avessa a crianças. A ponto de ler tudo sobre uma entidade americana chamada *No Kidding!*, que prega a vida sem crianças e tem endereços em todo o mundo de lugares *child free*. Mas não me arrependi de ter usufruído algumas semanas de sua bela companhia.

Me fez um bem danado. E ela acabou gostando da criança que mora dentro de mim.

Não tem nada melhor nessa hora recém-pós do que uma moça que tenha senso de humor, goste de beber e tenha um bom papo. E boa química, claro. O ideal é uma ficante bacana e sem muitas demandas. Ou, como se dizia mais carinhosamente na nossa época, uma amizade colorida, que pode até virar namoro. Deixe rolar. Você sabe que quanto mais carente, menos aparecem pessoas interessantes no nosso barco. E fuja de mulheres complicadas – quero dizer, muito complicadas, daquelas que têm ciúme doentio de seus filhos, de sua ex e que adoram um barraco.

Um amigo meu, meio carentinho (todo mundo sabia que ele tinha acabado de se separar), passou a notar que uma colega de trabalho estava lhe dando mole. O cara me ligou todo feliz, contando que a mina era linda, tinha vinte e poucos anos e que já tinham combinado de sair. Umas semanas depois, eu encontrei o cara na noite, comendo pastel sozinho, já meio bêbado. Me contou que a mina estava era querendo fazer ciúme no chefe deles, que era casado e resistente a casos extraconjugais. Funcionou, claro, e ele sobrou bonito. Homens em momentos difíceis são alvos fáceis desse tipo de artimanha feminina. Outro tipo de garota que adora um recém-separado é aquela que troca sexo e companhia por presentes e viagens. Tem homem que topa, mesmo sabendo da roubada. Todo divertimento tem seu preço, ok, mas moças interesseiras não param por aí: elas querem engravidar e casar.

ROUBADA: a amiga da ex. Ela o encontra por acaso, diz que ficou chateada quando soube da separação, mas depois de umas e outras acaba dizendo, ou dando a entender, que sempre admirou você (o que em mulherês significa que sempre o desejou). Dê uma enrolada, anote o telefone, mas deixe pra ligar depois que você tiver resolvido todos os pormenores de sua separação e da guarda de seus filhos. Senão, embola tudo. Além disso, sua ex vai querer se vingar com algum amigo seu. E você não vai ficar sabendo qual.

O ENXOVAL DO PAI SOLTEIRO

Quando estiver montando seu lar, invista na medida do possível em uma cama top de linha, uma geladeira grande, chuveiro com uma ducha forte e quente, uma TV bacana, taças de vinho, um forno elétrico para pizza (que os pequenos adoram) e um kit com todos os itens de uso exclusivo da criança, de preferência mais bonitos dos que o que ela tem na casa da mãe. Não se esqueça da rede nas janelas. Outra dica importante: um aspirador de pó e líquido bem potente vai facilitar sua vida demais. Dá para limpar cocô, xixi, vômito, cacos de vidro numa fração de segundos. Faça seu lar ficar gostoso e aconchegante para você e seu filho. Pode parecer óbvio, mas um amigo meu morou dois anos num pardieiro, tendo condições para viver bem, apenas para que a ex ficasse com remorso de ter se separado dele. Fazer um chá de panela pros amigos não é má ideia. Música pela casa, do banheiro à cozinha, ajuda e muito a preencher os espaços vagos de uma súbita mudança de cotidiano. Para noites muito solitárias, um canal adulto também é uma boa. Mas não se esqueça de colocar uma senha. Além do risco de a criança assistir, algumas diaristas menos ortodoxas adoram ver TV na ausência do patrão. Daí, você já viu o desastre.

O quarto de sua criança deve ser montado a partir da opinião e participação dela. Peça para seu filho ou filha desenhar num papel seu novo quarto na casa do papai. Hoje existem até uns joguinhos de internet que fazem isso. Leve a criança para comprar a cama, alguns itens de decoração; elas adoram montar seu próprio espaço, se sentem o máximo. Tente fazer com que o ambiente seja clean, com espaços para brincar, ler, estudar. Eu sou partidário dos que defendem TV e computador no quarto da criança, desde que livres de conteúdo impróprio e com regras estabelecidas.

DICA: Estipular um tempo diário para o uso de computador, TV, videogame e celular que seja o mesmo nas duas casas e flexiblizar o horário no fim de semana.

GUARDA
COMPARTILHADA

❝ A <u>guarda compartilhada</u> de filhos menores é o instituto que visa à participação em nível de igualdade dos genitores nas decisões que se relacionam aos filhos, é a contribuição justa dos pais, na educação e formação, saúde moral e espiritual dos filhos, até que estes atinjam a capacidade plena, em caso de ruptura da sociedade familiar, sem detrimento ou privilégio de nenhuma das partes. (...)"

Garanto que seu amigo advogado vai lhe dar pareceres mais qualificados do que eu. Mas, no meu caso, eu e minha ex tivemos a mesma opinião. Não queríamos que eu fosse pai de fim de semana. Não queríamos entregar nossa filha a babás durante *muito* tempo.

A princípio, antes de minha filha entrar pra escola, eu a buscava quando podia, a qualquer hora. Dormia com ela, saía, brincava em casa. Muitas vezes trabalhava na sala enquanto ela desenhava ao meu lado, só pra ficar perto dela. De vez em quando parava, brincava uma meia hora e voltava ao trabalho. Outras vezes passava uma manhã ou uma tarde com ela e a devolvia à mãe. Um ano depois ela entrou para a escola, à tarde. Ficou bem mais fácil me programar. Como sou autônomo, concentrei a maioria das atividades para a tarde e deixei trabalhos mais leves para as manhãs em que estava com a minha filha.

Enquanto ela era muito pequena e sentia muito a falta da mãe, alternávamos os dias. A escola funcionava como uma câmara de descompressão. Estávamos sempre com a cabeça fresca e com saudades de nossa criança. Um dá almoço e leva pra escola; o outro busca, dá banho, dorme com ela, passa a manhã, almoça, leva pra escola e assim por diante. Fins de semana eram divididos mais livremente de acordo com os planos de cada um. Combinamos certas regras como hora de dormir, cardápio, horário de lanche, banho, hábitos diários. Tudo teria que ser igual na medida do possível para que ela não sentisse que passava de um mundo para outro, a cada dia. Nas duas casas ela tem um quarto com suas coisinhas, organizadas de maneira parecida. Tentamos repreender suas desobediências também da mesma maneira, com muita conversa e raramente algumas broncas e castigos. Depois de ler alguns livros sobre educação infantil e, principalmente, conversar com alguns psicólogos, deixei de recorrer a qualquer coação física. Sim, haja paciência em alguns momentos.

Depois de um ano assim tentamos fazer diferente. É o típico erro de mexer em time que está ganhando, apesar da nossa ótima intenção. Algumas opiniões — alegando que a criança ficava dividida, que teria chances de desenvolver dupla personalidade, que não conseguiria nunca ter um cotidiano normal — fizeram com que nós dividíssemos a semana ao meio em vez de alternar os dias para que houvesse apenas uma mudança de casa por semana. Ela ficava quatro dias comigo numa semana e, na outra, quatro dias com a mãe. Até que, certa tarde, quando fui pegá-la pela terceira vez consecutiva na escola, ela pediu que eu a levasse para a casa da mãe ou não iria comigo. Fiquei baqueado. Mas foi bom para eu descer do salto alto, já que me achava de certa forma igual a uma mãe. Crianças normalmente têm um apego pela mãe muito maior do que pelo pai nessa idade. Ela tinha três anos e meio. Fomos a uma psicóloga, e ela nos disse algo que já sabíamos: crianças que estão com problemas demonstram. Se a criança parece feliz, come bem, é comunicativa, se relaciona sem dificuldades com outras crianças, ela _está_ bem. Qualquer distúrbio psicológico aparece no comportamento da criança e não é preciso ser um profissional para ver isso. Nós, pais e mães que convivemos e conhecemos nossos filhos, sabemos quando alguma coisa vai mal. Pois bem, voltamos a alternar os dias. A partir dos 5 anos passamos para dois dias com cada e, depois dos 7, aí sim, voltamos ao regime de metade da semana em cada casa, que está sendo ótimo. No fim de semana sempre conversamos sobre o que seria mais adequado aos três.

A maioria dos pais tem empregos que inviabilizam esse tipo de regime, alguns saem cedo e voltam tarde. Cada caso é um caso, mas até os 7 anos a criança precisa, e muito, da presença dos pais em suas vidas. Grana é essencial, inclusive para garantir uma boa educação para nossos filhos, mas eles precisam muito de atenção se o objetivo dessa nossa luta diária for fazer com que sejam pessoas íntegras e independentes quando adultos. Por isso, meia hora no café da manhã, ou meia hora antes de dormir, ou almoçar alguns dias na semana, ou fazer o dever de casa com eles via webcam, pode suprir a necessidade de atenção dos pequenos. Na adolescência esses laços criados na infância serão muito importantes, e quanto mais laços, menos chance de uma distância incômoda e às vezes perigosa se estabelecer entre pais e filhos.

Minha filha provavelmente vai optar por um dia morar em uma casa ou outra. Ou até mesmo estabelecer quando serão os dias do pai e da mãe. Mas até lá ela já teve a convivência com os dois, já assimilou as referências e a influência de ambos, já tem uma personalidade mais formada e, o que é melhor, formada também a partir das experiências que teve com a convivência de ambos os pais. Babás e escola contribuem muito, mas quem cria é pai e mãe.

FILHO. UMA ÓTIMA DESCULPA PRA TUDO

Acho que é muito melhor ouvir: "Hoje não posso, vou ficar com meu filho" do que um "Hoje à noite vou ver o jogo com amigos", "Hoje à noite vou pra balada" ou "Já tenho outro encontro". Desculpinhas pra uma ficante, uma paquerinha, não pra namorada, claro. É uma daquelas mentirinhas brancas que não fazem mal a ninguém. Mas se certifique de que seu filho tem menos de 15 anos para a mentira fazer efeito.

Chegar atrasado ao trabalho dizendo que a babá demorou a aparecer e você não pôde sair antes funciona também. Ou até dizer que passou a noite em claro cuidando de seu filhinho que tava doente, e perdeu a hora. Mas não pese a mão. Se ficar constante, ou você nunca vai ser levado a sério de novo ou vai ser visto como o cara do filho-problema.

Por outro lado, puxar conversa com a mãe linda e sozinha que sentou ao seu lado na pracinha, dizendo: "Onde você comprou esse tênis pro seu filho?" pode ser muito simpático. Ou para aquela mulher que acabou de empurrar sua filha no balanço: "Minha filha disse que você é muito legal e vim agradecer o carinho com ela" também é um bom começo para uma paquera.

Um homem que dá a devida atenção a seu filho é visto com respeito e admiração pela sociedade, mulheres incluídas. Muitas delas, também ex-casadas, têm que reclamar na justiça para ganhar um salário mínimo dos ex-maridos. Ou têm que ligar e deixar mil recados para que eles apareçam no Natal para ver o filho. Já que somos uma classe de homens de alta estirpe (na verdade somos o que deveria ser considerado normal) então por que não usar isso a nosso favor?

Algumas sugestões:

"– Hoje a babá atrasou." (Para reuniões às 8 horas da manhã em que você chegou atrasado.)

"– Não, tal dia de manhã eu tenho que levar minha filha ao médico." (Para futuras reuniões às 8 da manhã)

"– Tenho reunião de pais esta noite." (Perfeita para quartas à noite, dias de jogo)

"– Nossa, acabou de chegar uma mensagem dizendo que minha filha está com uma dor de barriga muito forte e vou ter que correr para o hospital." (Para aquele primeiro encontro com uma moça que você descobriu que é chatérrima)

"– Conheci na reunião de pais da escola, ela é uma ótima mãe, somos amigos e ela tá me dando uns toques." (Sendo cuidadoso com a recente ex, explicando quem é aquela mulher de quem sua filha fala tanto)

Tá vendo? É que nem andar de bicicleta...

O MELHOR DOS DOIS MUNDOS, OU QUASE

Passadas as fortes emoções da separação, é hora de você reinventar a relação com sua criança, ganhar a confiança dela como pai solteiro e viver a vida. Tenha tempo para passar, sozinho, bons momentos com seu filho. Vá ao teatro, ao parque (você vai ver quantas mamães lindas, separadas e carentes existem neste mundo), ao cinema, leve à escola. A convivência com crianças é um dos melhores antidepressivos naturais que existe. E é uma bela troca. Você a deixa feliz e sai recarregado e feliz também, por mais que alguns momentos sejam cansativos para um recém-pai solteiro. E por falar em antidepressivos naturais, antes de recorrer aos de caixinha, caso esteja precisando, lembre-se que ar, água e sol são ótimos pra levantar o astral. Corra, ande, nade. Não é balela não. Funciona mesmo.

Mas antes faça um check-up e procure orientação médica adequada.

Logo no começo, a maioria das crianças (isso depende muito da idade) sente saudades da mãe enquanto está com o pai ou vice-versa, principalmente quando estão com sono. Nessa hora, vendo o filho chorar, alguns pais sentem culpa ou raiva do outro pela separação. Mas se esquecem do mal que uma relação que não dá mais certo causa às crianças. Discussões, brigas ou coisa pior são muito mais prejudiciais. Invente uma brincadeira, conte uma história, passa logo.

Pode parecer mórbido, mas, quando eu estava achando a tarefa de ser pai solteiro difícil demais, eu me lembrei de um amigo viúvo. Ele era pai e mãe em tempo integral, e a separação não foi uma opção. É claro que ele fez amizade com várias mamães por conta disso e pedia-lhes ajuda vez por outra, mas nada melhor que trocar ideias com a mãe do seu filho. Se ele deu conta – a filha dele agora é adulta, formada e mãe – por que eu não iria dar? E agora a sociedade está muito mais bem preparada para receber essas famílias incomuns do que há vinte anos.

PROFISSIONAL X PAI

Quando me separei, estava no pior momento financeiro da minha vida. E piorei. Demorei uns dois anos até colocar as contas em ordem. Para isso trabalhei muito e por isso deixei de ficar alguns momentos importantes com minha pequena. Já ouvimos por aí que muitas mães têm certa consciência pesada por passar mais tempo no trabalho do que com os filhos. Eu senti isso também em determinada época, mas vi que, valorizando momentos importantes, essa fase passa sem muitas consequências. Quando percebi que minha filha estava sentindo falta da minha presença, nós conversamos e marcamos uma viagem para o mês seguinte. Só nós dois. Nesse mês ela planejou a viagem e me ligava pra contar todo tipo de ideia. Apenas pensar na viagem comigo já servia para que ela me sentisse por perto.

Fico comovido como as crianças nos falam com os olhos. Na hora do dever de casa, muitas vezes eu atolado de trabalho, minha filha, depois de me chamar algumas vezes, me olha longamente, e só aí me comovo, levanto e vou ajudá-la. Nesse momento eu me sinto mais pai do que quando vamos andar de bicicleta no fim de semana. "Ela precisa de mim", penso. Às vezes fico meio contrariado, com medo de perder o prazo na entrega de um trabalho, mas quando a gente começa a falar de estrelas, de dinossauros, da diferença entre poesia e prosa, então eu me sinto importante, o cicerone do universo, muito legal. Não consigo esquecer um casal que conheci numa reunião de pais. Eles não queriam que a escola passasse dever de casa porque não tinham tempo para ajudar os filhos. Achavam um absurdo pagar uma escola cara e ainda terem que ficar preocupados em ajudar no "para casa". Todos nós ficamos indignados. Não adoramos ajudar no dever de casa, mas sabemos como ele é necessário tanto para o aprendizado quanto para incrementar o nosso contato com nossos filhos. Mesmo que a gente não saiba, tem o Google, caramba.

Quando as mulheres passaram a trabalhar *full time* fora de casa, chegando ao mesmo tempo que os maridos, no começo da noite, algumas tentaram compensar sua ausência enchendo os filhos de presentes e mimos. Ficavam com pena de gastar o pouco tempo que tinham com os pequenos punindo-os por eventuais desvios de conduta cometidos em sua ausência. Mesmo se fosse algo grave como furtar objetos, bater em crianças menores ou desrespeitar professores ou empregados. Essas crianças sem limite viraram adultos bastante problemáticos e tristes por sua falta de traquejo social. Todo mundo conhece pelo menos um caso assim. A lição que fica é simples: mesmo que tenhamos um tempo que julgamos curto para educar nossos filhos ele tem que ser usado para tal. E os mimos e presentes não podem ser usados para anestesiar a nossa culpa, mas simplesmente para demonstrar o nosso amor.

Cada um sabe o que faz. Mas precisamos parar e pensar a respeito dos problemas para conseguir elaborar uma solução. Trocar ideias com quem já passou pela mesma situação ou consultar um profissional funciona na maioria das vezes. Conheci pais que têm emprego fixo e conseguiram tirar uma manhã por semana pra ficar em casa com a cria, compensando de alguma outra forma, quer fosse trabalhando em casa quando necessário ou trocando por férias. E valeu a pena, de acordo com eles. Tem aquele lugar-comum e certo: "Qualidade é melhor que quantidade." Mas essa equação vai embora quando a quantidade é próxima de zero.

DIFICULDADES DE UM PAI SOLTEIRO

Dividir a guarda também implica momentos difíceis, como o da seguinte cena:

Quarto da filha: o pai está exausto, e a filha, irritada. Todas as gavetas estão abertas e reviradas.

— Onde está minha *legging* nova, papai?

— Deve estar na casa da sua mãe. Já procurei por tudo que é canto e nada.

— Eu quero usar minha *legging*! Snif, snif.

— Infelizmente não dá, escolhe outra coisa.

— A calça jeans da Barbie!

Depois de muita procura:

— Acho que tá lá também...

— Buááááááá.

Além disso:

- Lugares públicos que não têm banheiro para família. Para pais de meninas menores de 6 anos é um desastre. Não podemos entrar com nossa filha nem no banheiro masculino nem no feminino. Temos que ficar de campana na porta do banheiro feminino, esperando que todas as mulheres que estão dentro saiam e não deixando ninguém entrar para podermos entrar com ela sozinhos. De vez em quando aparece alguma mulher bacana que se oferece para ajudar, mesmo quando avisamos que a menininha vai fazer o número 2. Algumas declinam.
- Raramente babás dormem em casas de homens desacompanhados. A maioria é novinha, tem menos de 30 anos. São proibidas por seus pais ou namorados, que não acreditam que a gente dê beijo de boa-noite só nas crianças quando chegamos tarde em casa. E tem o caso do amigo que acordou com a babá deitada ao seu lado na cama porque ela ouviu um barulho e ficou com medo. Ainda há no mercado aquelas senhorinhas de meia-idade que normalmente são ótimas babás. Dê preferência a elas, para não arrumar confusão.
- As mães de coleguinhas demoram para nos confiar seus filhos para passear, dormir em nossa casa etc.
- As próprias crianças, dependendo da idade, nos acham incompetentes para cuidarmos delas. Talvez sejamos mesmo, no início, mas os pequenos são bem cruéis com nossas inseguranças. Também sabem valorizar nossos esforços.

- Tenho que me justificar para determinadas pessoas que sim, é melhor para ela morar com ambos os pais do que apenas com a mãe, contanto que a gente se estruture e se prepare para isso.
- As vendedoras de roupas infantis utilizam de nossa ignorância no vestuário feminino para empurrar artigos fora de moda, encalhados ou de pior qualidade.
- Ciúme é um problema, sempre, mas, principalmente, ciúme da ex. É irritantemente comum ciúme dos namorados da mãe para conosco, ou das nossas namoradas para com nossa ex, pelo fato de a gente (mãe e pai) ter de estar sempre se comunicando ou encontrando. É claro que o contato é maior se comparado a um casal que não divide a guarda, o que hoje, infelizmente, é o mais comum. É um grande equívoco e um egoísmo injustificável dificultar as coisas entre os pais separados. Isso só deixa a vida pior e mais difícil para todos, inclusive para a criança. O negócio é conversar, elucidar qualquer dúvida, apresentar as partes e tentar ser tolerante. A comunicação entre pais separados tem que ser constante e pede canais livres para não haver ruídos. Saúde, alimentação, higiene, escola, tudo funciona muito melhor quando ambos dividem tudo sobre a criança em tempo real. E-mails e sms são úteis também, mas insuficientes. A comunicação oral é muito mais rápida. É imprescindível que se respeite a bela relação que existe entre pais e mães separados. Não é uma relação fácil. Ela provavelmente só continua por causa dos filhos e permite, além de tudo, que a criança veja

de vez em quando mãe e pai juntos, mesmo que estejam acompanhados de seus atuais namorados. Alguns retrógrados acham isso moderno demais. Eu acho essencial e totalmente normal. No geral, depois de certa idade da criança e do *know-how* adquirido após anos de separação, essa comunicação fica mais objetiva e sucinta, sem perder a eficácia.

VESTIU UMA CAMISA LISTRADA E SAIU POR AÍ

Tenho alguns conhecidos que se separam mas põem a aliança quando saem à noite porque acham que isso atrai mulheres. Atraem mulheres, mas apenas as bobonas. As legais em geral fogem de confusão com os casados, com medo de ficarem na pior, o que com frequência acontece. Existe aquela máxima cruel, porém correta na maioria dos casos: "Homens traem para manter o casamento, e mulheres traem para sair dele." As mulheres que gostam de homens casados são um instrumento para mantê-los no casamento, em suma. A maioria já sacou isso, mas algumas ainda têm aquela ilusão de que um dia conseguirão ganhar a disputa. Ou seja, aliança de casado **não** é um bom acessório masculino se você não for casado.

Não quero ficar me metendo a estilista, mas a verdade é que hoje todos os homens se vestem do mesmo jeito, tenham 20 ou 70 anos. Camiseta de malha, calça jeans ou bermuda e tênis. A diferença é que nossa camiseta não tem uma estampa escandalosa, mas uma cor e modelo interessantes, usamos cinto, a calça não para no meio da bunda e está passada. O tênis é mais discreto e elegante. Estilo é uma coisa pessoal e, por mais sisuda que seja a roupa de trabalho, não hesite em usar algo leve e informal quando puder. A moda é uma aliada dos homens. Ao contrário da feminina, a moda masculina propõe trajes versáteis e de bom gosto, além de ser mais em conta. Homens normalmente não gostam de comprar roupa, experimentar, entrar e sair de lojas, encarar os corredores de shoppings. Mas uma mexida no guarda-roupa nesse momento de mudança faz bem pra cabeça. Usar um perfume discreto e não ficar sempre trocando de marca cria uma assinatura olfativa que agrega personalidade ao nosso estilo, e as mulheres gostam disso. Quem varia muito de perfume perde essa identidade.

É pensando em detalhes que nos fazemos distinguir da galerinha. É meio ridículo, por mais que estejamos na adolescência pós-casamento, que queiramos parecer jovens, pois ainda somos.

Separações são revoluções. Parodiando a bandeira da França criei a nossa:

PAI SOLTEIRO:
Liberté
Expérience
Responsabilité
avec amour

DONO DE CASA X DIARISTA

Depois que passei a morar com minha filha, eu realmente vi que não é fácil orientar uma empregada. Crianças novinhas exigem um nível de limpeza e higiene na casa que é bem diferente dos parâmetros de uma diarista comum, já que elas põem tudo na boca, deitam no chão e gostam de morder o que estiver na frente quando estão com os dentinhos crescendo.

Cansado de repetir o mesmo falatório a cada mudança de profissional (é difícil acertar a profissional ideal para você, seu ritmo e sua casa), acabei por escrever com detalhes certos procedimentos. Imprimo e ponho pendurado na geladeira. Dê uma lida, modifique e complete conforme suas necessidades. No começo, é bom você ir checando se tudo está sendo feito. Algumas empregadas e diaristas acham normal ser orientadas à exaustão por mulheres, mas não por homens. Se algum item estiver sendo esquecido, grife-o e converse com ela. Depois de um tempo a coisa anda.

Me lembro de um amigo que morria de medo da própria empregada. Era uma senhora de uns 60 anos, que tinha trabalhado para sua sogra. Ela não obedecia a ele, só a mulher, e ainda o obrigava a limpar tudo que ele sujava. Depois de quase se separar da mulher por conta das implicâncias da doméstica, ele passou a andar pelado em casa. Ela se demitiu em menos de uma semana.

Orientação para a diarista

AFAZERES DIÁRIOS ou SEMANAIS
(DEPENDENDO DA NECESSIDADE)
(Nº do seu celular)

- Arrumar e lavar a cozinha; a louça, primeiro. Limpar e lavar os banheiros com quantidade maior de desinfetante, por último.
- Varrer e passar desinfetante na casa toda e por fim passar a cera líquida.
- Arrumar os quartos e trocar a roupa de cama prestando atenção redobrada em manchas. Usar produto específico (escrever o produto) para tirar manchas.
- Limpar o tapete da sala. Virá-lo e batê-lo com a vassoura.
- Verificar se há manchas ou sujeira nos sofás. Tirar com escova úmida ou (o nome do produto).

- Passar pano nos móveis para tirar poeira.
- Cuidado com os fios do computador ao limpar o chão do escritório.
- Os vidros devem ser desengordurados com pano molhado na água quente. Depois usar limpa-vidros.
- Antes do almoço, dar uma olhada na geladeira e tentar usar o que já estiver lá há mais tempo e não estiver cheirando mal.
- A roupa suja ou fica na área ou num cesto no banheiro. Se não der pra lavar tudo, lavar um pouco de cada item (meias, cuecas, camisas de malha, camisas de botão e calças).
- As roupas da criança ficam num cesto no quarto dela. Lavar separado das minhas e, se preciso, pôr de molho separado também.
- Passar a roupa. Se não der pra passar tudo, passar o que der de meias, cuecas, camisas de malha, camisas de botão e calças. Não deixar nenhuma dessas categorias sem peças passadas.
- Checar se os meus calçados e os da criança precisam ser lavados ou engraxados.
- Verificar se no armário estão camisas amarrotadas e passá-las. Principalmente as sociais, de gola e manga longa.
- Retirar todos os lixos da casa (cozinha, área, banheiro e escritório) e levá-los para o local do lixo do prédio. Pôr sacos de lixo novos nas latas.
- Antes de sair, limpar a área com água e desinfetante.

- Não mudar nada de lugar, e o que precisar tirar para limpar, como papeis, cds, revistas, etc, recolocar no mesmo local de origem.
- Pôr água pra gelar e fazer gelo com a água do filtro.
- Conferir a validade dos alimentos na geladeira e jogar fora o que estiver vencido ou com cara de estragado. Se eu estiver em casa, me pergunte. Observação: não jogue fora o queijo verde.
- **GUARDAR TODOS OS PRODUTOS DE LIMPEZA NO LUGAR CERTO PARA NÃO HAVER PERIGO DA CRIANÇA INGERIR OU INALAR PRODUTOS TÓXICOS!**

MENSAIS/BIMESTRAIS
(DEPENDENDO DA NECESSIDADE)

- Descongelar (quando necessário) e lavar a geladeira por dentro com água e vinagre branco (proporção de 1 para 1). Por fora usar água com bicarbonato de sódio.
- Limpar os armários da cozinha, do banheiro e dos quartos por dentro com pano umedecido em solução de água misturada à água sanitária na proporção de 1 para 1. Tire as roupas antes e coloque-as de volta apenas depois que as gavetas secarem.
- Lavar as paredes dos banheiros tentando tirar ao máximo a sujeira entre os azulejos. Usar produto específico (nome do produto).
- Limpar as janelas. Passar pano primeiro para tirar o pó e depois lavar com água e sabão. Nos vidros usar limpa-vidros.

- Tirar a gordura e poeira impregnadas em cima de todos os móveis da cozinha – não esquecer a geladeira –, em cima do batente das portas, do teto, da janela.
- Limpar as paredes da casa e os interruptores.
- Limpar o fogão com água e bicarbonato de sódio. No forno usar produto específico (nome do produto).
- Virar o colchão nos dois sentidos, de modo que a parte de baixo fique em cima e que o lado da cabeça vá para os pés. Passar um pano umedecido com água e detergente em toda a superfície do colchão.
- Deixar os travesseiros na janela para pegar ar e sol, tirando antes as fronhas.
- Limpar a máquina de lavar deixando-a cumprir um ciclo completo com meio litro de água sanitária somente. Limpar os filtros da máquina de lavar.
- Limpar a vela do filtro de água com sal grosso.

SEMESTRAIS

- Retirar e lavar cortinas, persianas e tapetes.
- Passar pano úmido com vinagre nos dois lados dos colchões e deixá-los em pé até secarem, de preferência no sol.
- Lavar os travesseiros (somente eles) na máquina usando o ciclo suave e sem amaciantes. Centrifugar.

MINÚCIAS E MIÇANGAS

É batata. Faça uma pequena busca nos arredores de sua cama ou do sofá onde você e a moça que acabou de sair da sua casa passaram bons momentos juntos e irá encontrar, no mínimo, um anel. Pulseiras, brincos e prendedores de cabelo são constantes também. Juntem-se a isso outras coisas (como preservativos) que podem ter caído debaixo da cama. Nada demais se você morasse sozinho. Mas crianças conseguem achar coisas com a mesma facilidade com que conseguem perdê-las. Há brincos que parecem balas (olha você correndo pro pronto-socorro) e todo mundo sabe que camisinhas parecem balões (eca). É só passar um pente-fino nos arredores, trocar sempre a roupa de cama, checar o banheiro, a cesta de lixo, o tapete, debaixo das almofadas do sofá, embaixo da cama.

Quando estou sozinho em casa, fico feliz de poder bagunçar o que eu quiser e ninguém se incomodar ou me aborrecer. Viva a solteirice. Adoro chegar em casa e deixar minha roupa no chão da sala, como se eu tivesse me desintegrado, tipo aqueles filmes japoneses dos anos 1970. E lá está tudo no lugarzinho que deixei ao acordar. Mas quando a pequena está comigo a coisa é diferente. Daí eu viro um maníaco, catando tudo o que eu julgo perigoso ou indevido para ela.

Atenção redobrada quando alguém for visitá-lo. Amigos esquecem um uísque pela metade na mesinha de canto e seu filho pode achar que é guaraná. Um eletricista, por exemplo, deixou um canivete em cima da pia do meu banheiro. Foi por pouco que minha filha não o achou antes de mim. Outro dia a empregada esqueceu um daqueles produtos de limpeza altamente tóxicos no chão da área, e ainda por cima era cor-de-rosa, a cor predileta das menininhas. A gente tem que ter muita atenção e um pouco de sorte para evitar todos os acidentes possíveis. Pense naquelas plaquinhas que ficam em algumas praias: "Deixe apenas saudades e leve apenas lembranças." Agora você não tem outra pessoa para dividir esses cuidados.

EX É PRA SEMPRE

Conviver com os ex não é tarefa fácil em determinados momentos. Mas é necessário quando se tem filhos, independente do tipo de guarda. Exige um verniz social, muita tolerância e paciência, justificadas pelo amor aos filhos. Mas nem todo mundo segura a onda. Tem gente que muda totalmente de postura quando a (o) ex começa um relacionamento mais sério, por exemplo. Não consigo entender por que um homem deixa de pagar pensão ou ajudar no que puder por conta de um novo namorado da ex-mulher. Isso acontece, conheço alguns casos assim. Se for ciúme, é fundamental pedir ajuda, fazer terapia, afinal, se o relacionamento acabou, esse ciúme é doença e tem que ser tratado como tal. Se for por achar que a pensão ou equivalente vai sustentar um marmanjo boa-vida, que pode seduzir a ex e ficar vivendo às suas custas, então pague a escola da criança, compre roupas, arque com o plano de saúde, sei lá. Pagar algumas contas da criança em vez de depositar na conta da ex resolve o desconforto.

Algumas mulheres implicam com a nova namorada do ex por achá-la inadequada, ou vulgar, ou metida (qualquer coisa serve pra justificar a implicância), e fazem de tudo pra tornar a convivência um inferno. Ou seja, tem gente que acha que o relacionamento com os filhos deve passar pelo relacionamento que tem com a (o) ex. NÃO TEM NADA A VER! Uma coisa é ser pai ou mãe, a outra é ser ex-namorado ou ex-marido. É a mesma coisa que brigar com o carteiro por ter recebido pelo correio uma cobrança indevida. Estou sendo didático demais, mas como entender a mulher que começa a negar ao pai o acesso aos filhos porque ele se casou de novo? É desumano. Ela fica fula por ter perdido a possibilidade de uma reconciliação (que só existia na cabeça dela) e usa os filhos para descontar sua mágoa. É de um egoísmo doentio. Recentemente a *alienação parental* foi considerada crime:

> *"Considera-se ato de alienação parental a interferência na formação psicológica da criança ou do adolescente promovida ou induzida por um dos genitores, pelos avós ou pelos que tenham a criança ou adolescente sob a sua autoridade, guarda ou vigilância, para que repudie o genitor ou que cause prejuízo ao estabelecimento ou à manutenção de vínculos com este."*

Tomara que a lei iniba essa prática desumana.

Outro caso típico é o do cara que se casa de novo, a atual morre de ciúme da ex e trata os enteados como avatares da mãe deles. Daí o pai começa a se afastar dos filhos do primeiro casamento para não ter mais conflito, tem outros filhos e então some de vez. Isso não precisa acontecer com gente razoável. Por conta de egoísmo acaba-se com a alegria de crianças que não têm culpa de nada. A maioria dos homens é bem manipulável quando estão apaixonados, mas não é desculpa. Filhos primeiro. Depois se esbalde de paixão.

PARTE 2
NÃO É A MAMÃE

FÉRIAS

Quando era criança, nunca pensei que minhas férias fossem um motivo de preocupação para meus pais. E com certeza eram, como são pra mim, hoje, as da minha pequena. Quero que ela realmente descanse do dia a dia, se divirta, faça coisas diferentes. O difícil é conseguir que isso aconteça simultaneamente aos nossos afazeres e preocupações variadas, que não tiram férias. Tento passar pelo menos dez dias viajando com ela, mas nem sempre é possível. O resto do tempo ela passa brincando em casa com coleguinhas (monto uma barraca de camping e uma piscina inflável no quintal), no cinema, nas casas de parentes, em parquinhos, joguinhos de internet e assistindo a muita televisão e DVD com pipoca. Ou seja, nada tão diferente assim, exceto pela constância das atividades e pela viagem. Achei que estava tudo bem, mas depois de pegar minha filha no alto da porta da cozinha, escalando os batentes, creio que o melhor mesmo é colocar a pequena numa oficina de circo ou qualquer outra coisa que gaste bastante sua energia. E preserve a minha paciência.

Depois de ter planejado e desistido algumas vezes de nossa primeira viagem, achei que finalmente Ava estaria pronta pra viajar sozinha comigo. Eu e a pequena fomos para Ponta de Santo André, povoado pertencente a Cabrália, perto de Porto Seguro. Lá tem uma infraestrutura boa e nada de turismo predatório. Tranquiiiiilo... Minha filha tem os dois pés na Bahia. Tanto minha mãe quanto a bisavó materna dela são de lá.

A seguir, nossa experiência, dia a dia.

DIÁRIO DE VIAGEM

PRIMEIRO DIA
Ava estava mais excitada com a primeira viagem de avião do que com os dez dias de viagem pela frente. Eu já tinha falado pra ela que iríamos viajar à noite, que não ia dar pra ver muita coisa. Mesmo assim foi muito legal. Ver a empolgação nos olhos dela, o riso tentando ser contido, as mãozinhas cerradas no braço da cadeira e um gritinho quando o avião finalmente decolou me fez voltar a sentir alguma emoção em voar. Chegamos a Santo André na mesma hora que saímos de Belo Horizonte por conta do horário de verão, que a

Bahia não adotou. Pensei logo no teletransporte. "Beam me up, Scotty."

Acordamos bem tarde e fomos à praia. Lá as ruas são de terra e areia, tudo plano. Bom pra exercitar as pernas. Uma prancha de body-board debaixo do braço e uma sacola digna de um feirante no outro. Boias, protetor, livros, água, biscoitos, carteira e brinquedos.

No caminho pra praia:

— A areia tá muito quente, papai.

— Não dá pra te carregar, Ava, olha só (mostrei as tralhas). Anda nesse pedacinho de sombra.

— A areia tá entrando nos meus dedos.

— É assim mesmo, gatinha, praia é assim.

No mar:

— A água dói meu olho.

— É assim mesmo, você se acostuma.

— A areia entrou no meu bumbum.

— É assim mesmo, querida, é só tirar na água.

No almoço:

— Tem muita mosca aqui.

— É assim mesmo. Quando incomodar, espanta elas.

— Quero nuggets.

— Não tem nuggets aqui, vamos comer o que tem.

— QUERO A MAMÃE!

Depois de mais uma voltinha pela cidade fomos dormir. Fiquei tão tenso que pensei que estava cometendo um erro enorme de tê-la trazido pra cá. Afinal também eram minhas férias. Eu queria e precisava descansar. Mas sabia que a situação ia melhorar. Acordei no dia seguinte com uma baita dor no ombro. Daquela vez, a prancha ficou.

SEGUNDO DIA

Acordamos tarde de novo e fomos direto ao lugar que aluga bicicletas. Escolhemos uma com uma cadeirinha de criança acoplada à garupa. Ótima invenção baiana. Foi muito legal, andamos por várias praias, ela aprendeu a furar ondas, a pegar jacaré. Visitamos lugares lindos, ficamos à sombra de uma castanheira. Quando vi, Ava já estava lá em cima. Era o que precisávamos, pensei feliz. Pra quem ficava em casa escalando os batentes das portas, estar aqui deve ser um *upgrade*. No fim da tarde, ficamos sabendo que havia uma aula de capoeira pra crianças. Aprender capoeira na Bahia é como fazer MBA em Harvard. Chegamos em cima da hora. Ela, que pratica capoeira na escola, não fez feio e ainda aprendeu alguns movimentos novos. Dormimos felizes, e eu enfim achei que tinha feito a coisa certa.

TERCEIRO DIA

Como locutor, posso trabalhar onde estiver. Estava atendendo a telefonemas normalmente, gravando e mandando o material pela internet, num cybercafé ao lado. Ficamos por ali toda a manhã. Tomamos café e eu trabalhei enquanto Ava ficou brincando com meu iPhone. Aliás, como convencer uma criança de que um telefone que é feito pra crianças operarem não é brinquedo? O meu não vai durar muito. Mas, lá pela hora de ir embora, Ava foi fazer xixi e soltou do banheiro um grito de horror. Saí correndo e encontrei a menina em pânico, apontando para o banheiro como se tivesse visto o fantasma do Bob Esponja. Foi pior. Um calango enorme estava se debatendo dentro do vaso sanitário. Salvamos o bichinho e disse pra pequena que ela teve sorte. Calangos são medrosos e inofensivos. Mas, cá pra nós, se um lagarto tivesse caído em cima de mim nesse momento de reflexão, eu ia passar um vexamão. Eu grito alto pacas e não ia ser nada bom para minha fama de mau morrer de susto com um calango.

O dia correu bem até o momento em que, à noite, fomos conversar com a mãe dela via skype. Depois do papo ela ficou triste e foi dormir chorando de saudade. Ai, ai. Saudade + sono = choro. Mas depois eu vi que errei no *timing* mesmo. Ela estava tão cansada que apagou um segundo depois de deitar. Da próxima eu acerto.

QUARTO DIA

Nesse dia eu inventei de fazer uma feijoada e ainda tinha de cantar à noite em um restaurante. Ava ficou com meus amigos e com Vivian, minha anfitriã, quase todo o tempo. À noite ela foi ao show, dançamos uma música juntos, ela ficou conversando com alguns convidados por um tempo e apagou em cima de almofadas. O difícil foi levá-la meio dormindo, de bicicleta, pra casa. Fomos cantando "Brilha, brilha estrelinha" pra ela não dormir no caminho.

QUINTO DIA

Acordamos cedo e fomos pro parque aquático em Arraial d'Ajuda. Eu nunca havia ido a um. Foi um dia movimentadíssimo. Toboáguas, piscinas, tirolesas, escorregões e arranhões. Ava amou. É lindo ver a expressão de estupor de felicidade em seu filho. E ainda arrumou jeito de participar de uma roda de capoeiristas que se apresentaram por lá. Chegamos em casa mudos e felizes, tomamos banho, nos beijamos, apagamos.

SEXTO DIA

Fomos com um casal de amigos a cidadezinhas próximas, Belmonte e Guaiú. Ava estava insuportável. Chorava por qualquer coisinha à toa, não queria comer nem pastel de queijo. Pela primeira vez na viagem, recorri à mais rudimentar forma de psicologia infantil. Mas daí em diante ela ficou um doce, cheia de sorrisos, beijos e apetite. Parecia que ela estava me pedindo um corretivo.

Depois que li alguns livros e por fim conversei com uma autora, a psicopedagoga Tania Zagury abandonei de vez qualquer castigo físico. Na conversa as coisas se resolvem. Exige mais paciência, mas é muito melhor.

SÉTIMO DIA

Neste dia foi tudo lindo, como zune um novo sedã, já dizia o Patu Fu. O dia estava maravilhoso e bem quente, mais do que todos os outros. Pouco entramos no mar por conta da maré alta, mas achamos uma ducha forte e geladinha numa pousada ao lado. A lua foi a estrela da noite, se é que posso dizer isso. Ela estava maravilhosa e imensa. Teve apresentação de uma palhaça na "pracinha" da cidade, e minha pequena amou. Depois fomos dançar forró, juntos. Eu bem que tentei dar umas paqueradas, chamar umas moças pra dançar, mas a pequena não deixou. Pior que namorada ciumenta.

OITAVO DIA

Entramos no ritmo da Bahia. Acordamos cedo, tomamos café, fui ao cybercafé enviar umas gravações e depois praia. O mar muito agitado e o rio muito alto. Estou ensinando a pequena a nadar e ela já nada alguns metros sem boia. Lá é ótimo pra pegar jacaré e ela também quer aprender, mas as ondas estão grandes pra ela. Melhor sair e arrumar outra coisa pra fazer. Fomos para um restaurante beira-mar. Nossa mesa vira um ateliê. Lápis de cor, canetinhas e guache. Fizemos várias marinas e alguns retratos de desconhecidos. Ava tem o dom. Mas vida de artista é tão dura que eu realmente preferia que ela fosse outra coisa. Aquela velha história, mas fico orgulhoso, claro. Ela não quis almoçar, não teve jeito, mas comeu um tomate inteiro. Depois uma *siesta* que foi das cinco às sete e saímos pra ver a lua nascer. Quem falou que Ava teve paciência? Eu disse "papai levou você pra tantos lugares, petita, eu só tô pedindo pra esperar um pouco. Você vai gostar também". "Minha barriga tá doendo de fome, papai". Levantamos na hora e fomos comer uma pizza.

NONO DIA

Acordamos bem cedo. Uma pequena viagem de barco nos aguardava. Araripe. Um recife de coral que na maré baixa abriga um maravilhoso aquário natural. Uma hora e pouco mar adentro. Ava, que só conhecia os botes e chatas de rio, adorou. Vimos uma revoada de gaivotas, umas cem, voando baixinho para capturar seu almoço. Quando chegamos, percebi que o passeio não seria fácil. Andamos pelo menos uns duzentos metros em cima de recifes de corais muito irregulares e escorregadios. Ava, que assistiu na TV ao caso de uma menina que pisou num ouriço do mar, ficou morrendo de medo de pisar em um também. Muita choradeira depois, chegamos. O nosso timoneiro, Carlindo, emprestou para todos máscaras de mergulho com *snorkel*. A pequena pegou rápido o jeito de respirar com o canudo. Nadamos juntos, vendo peixes lindos, corais de formas malucas, siris, tartarugas. Eu nunca tinha feito um mergulho tão legal, com tanta diversidade. Uma hora depois, na volta, o mesmo chororô. Eu e ela apagamos no barco e só acordamos quando já estávamos chegando de volta à Ponta de Santo André. Almoçamos, fizemos uma *siesta*, tentamos ver a festa de Iemanjá, mas a pequena tava mais interessada em competir com uma amiguinha quem subia mais rápido na castanheira.

DÉCIMO DIA

Já estávamos cansados da viagem. No dia seguinte iríamos embora. Ava ficou desenhando a manhã inteira enquanto eu tentava, em vão, uma conexão com a internet para mandar meus trabalhos. Nadamos um pouco no rio e permanecemos em casa o resto do tempo. À noite ficamos vendo estrelas. Disse o nome das constelações que eu conhecia e inventamos outras tantas. Por mais que já tenha me acostumado a ser pai, de vez em quando me comovo com certos momentos. Conviver com crianças, além de tudo mais, faz algumas lembranças voltarem intocadas de lugares profundos da memória.

FIM DE FÉRIAS

Depois de dez dias de farra, chegamos a BH, exauridos, mas felizes. Deixei Ava com a mãe. Não tivemos nada a não ser alguns arranhões e picadas. Foram dias inesquecíveis pra nós, acho que aumentamos a nossa memorabilia juntos significativamente. Me senti mais pai do que nunca e nossa conexão ficou muito mais forte.

O PAPÁ DO PAPAI

É tão bom para um pai chegar em casa cansado do trabalho e ver seu filho feliz da vida, com conforto, educação e bem-alimentado. E isso sendo proporcionado com o fruto do seu suor. Da mesma maneira os antigos chegavam com a caça ainda quente nos ombros, o que garantia comida pra toda a semana, feita pelas mulheres da tribo, que sofriam para prepará-la. Tinham que tirar a pele, cortar, limpar, salgar e cozinhar. Hoje a gente continua sendo o "caçador" e pode ser também o cozinheiro. Olha que autonomia! Já está tudo cortadinho e limpinho nas gôndolas, é só pôr no carrinho e preparar em casa.

Há homens e mulheres que odeiam cozinhar, e eu respeito isso. Aliás, eu só namorei uma moça que curtia cozinhar. Mas há um prazer indizível em alimentar sua criança, sua família ou quem você gosta, com pratos feitos por você mesmo. Alguns homens optam por fazer um curso de culinária. Além de ser gostoso aprender coisas novas, se conhece muita gente bacana também. No meu caso, aprendi com minha mãe e sempre consulto a internet e alguns livros. Nunca fiz nada muito complicado. Comida caseira. A prática vai tornando tudo mais simples. Basta se despir de preconceitos e de preguiça e vestir um avental. A falta de jeito vai diminuindo com o tempo. Eu era o maior desastrado do mundo na cozinha. Hoje sou só um pouquinho.

Uma outra coisa gostosa é contar com o auxílio das crianças. Elas adoram ajudar. Desfiar um peito de frango, fazer bolinhas de carne, tirar as folhinhas do manjericão, cortar a massa do pastel com um copo. Há várias etapas no fazer de um prato que podem ser confiadas às crianças. Incentive os pequenos a pôr a mão na massa da pizza. Mas fale sempre sobre os perigos que existem numa cozinha, mantendo as ferramentas perigosas fora do alcance e os pequenos longe do fogão.

Aqui vão algumas receitinhas que eu já fiz várias vezes e que são bastante simples.

Nível 0: Para as crianças

BISCOITO CASEIRO DE AVEIA E MEL

Essa é pra fazer com seu filho ou filha. Deixe que eles misturem a massa com as mãos e modele os biscoitos. A parte do forno, claro, é com o papai aí.

Misture 1 xícara de farinha de trigo, 1 xícara de aveia em flocos, 1/2 xícara de açúcar refinado e uma colher de sopa de fermento. Depois de misturados acrescente uma colher de sopa bem cheia de manteiga derretida (basta 30 segundos no microondas), 1 ovo e duas colheres de sopa bem generosas de mel e amasse até ficar homogêneo. Faça bolinhas com a massa, um pouco maior que brigadeiros, distribua-os numa assadeira grande untada com óleo e lhes dê uma leve achatadinha com uma colher. É bom que fiquem a três dedos uns dos outros, pois crescem bastante. Asse em forno preaquecido a 180 graus (baixo) por 15 a vinte minutos ou até que dourem por baixo. Retire do forno e deixe esfriar em lugar arejado. O biscoito tem que estar com o fundo dourado e ainda meio mole. Ele endurece quando esfria. Se sair já duro do forno ele passou do ponto.

Nível 1: Facílimo

SOPA DE MANDIOQUINHA
(OU BATATA BAROA OU CENOURA AMARELA).
RENDIMENTO: DUAS PORÇÕES

Essa sopinha é ótima pra noites frias e todo mundo gosta. Descasque duas mandioquinhas médias e pique-as em rodelas. Numa panela, em fogo alto, ponha duas colheres de sopa de azeite, meia cebola picadinha e alho também picado miúdo. Adicione sal e algumas pitadas de curry ou açafrão. Jogue a mandioquinha e deixe por dois minutos, mexendo até elas "suarem". Feito isso adicione meio litro de água e deixe ferver. Quando a mandioquinha estiver macia, jogue tudo no liquidificador e bata até dissolverem. Confira o sal e bata de novo. Sirva em pratos fundos com cebolinha picada por cima. Para adultos pode-se fazer uma versão Thai, acrescentando meia garrafinha de leite de côco e uma pitada de pimenta dedo de moça. No lugar da cebolinha, coentro.

Nível 2 : Fácil

ESPAGUETE COM FRANGO DESFIADO
E CREME DE LEITE.
RENDIMENTO: SEIS PORÇÕES.

A gente aqui em casa não tem muita criatividade na escolha da massa. É espaguete na cabeça. Mas, da mesma forma, essa receita funciona com linguine muito bem. É a preferida de minha filha. Tem tudo que criança gosta e faz bonito também com adultos. Eu vi essa receita no programa da Nigella. Se não fiz igualzinho, foi porque não anotei, mas o prato continua bem gostoso.

O ingrediente principal dessa receita não sou eu quem faz. Compra-se um frango ou galeto, desses de televisão de cachorro. Escolha o melhor do seu bairro. Tem uns que o tempero não penetra na carne, daí não funciona. Alguns, feitos em churrasqueira, têm aquele gosto e cheiro de defumado, maravilhoso. Desfio o peito, as coxas e as sobrecoxas para uma porção para seis pessoas.

Ferva quatro litros de água com um pouco de sal e um fio de óleo numa panela bem funda (uma panela de cozinhar massa é peça importante no enxoval do recém-solteiro) e ponha um pacote de espaguete. Mexa para que ele não grude. Cozinhe por dez minutos ou até que a massa fique macia. Criança pequena não curte massa *al dente*. Se você gosta, tire sua porção primeiro. Escorra e reserve.

Agora ponha numa frigideira grande azeite, dois dentes de alho picadinho, cubinhos pequenos de dois tomates, uma cebola picadinha (tem criança que não come, mas se for processada, miúda, passa), tirinhas de presunto, o frango desfiado (pode pôr ervilha, milho, o que a criança adorar e for colorir e dar sabor ao prato) e sal. Se você não tem costume de cozinhar, vá bem devagar com o sal. É fácil de pôr, em qualquer etapa do processo, inclusive na mesa, e quase impossível de tirar. Depois que a cebola estiver transparente, adicione a massa ao refogado e vá misturando aos poucos. Mexa devagar até a massa incorporar os ingredientes. Ponha o equivalente a uma xícara de creme de leite, aos poucos. Vá provando. Serve o de latinha, sem soro. O fresco é mais gostoso. Continue mexendo e desligue o fogo. Prove pra ver se precisa de mais sal. Ou se precisa de mais creme.

Na travessa que vai à mesa, ponha o espaguete e por cima salsinha e cebolinha cortadas miudinhas. Cubinhos de muçarela vão derreter se jogados por cima da massa quente. Fica irresistível. Quando faço pra adultos, eu ponho no refogado, antes da massa, passas, uma pitada de estragão seco e gotas de pimenta-malagueta.

Outra receita fácil e rápida, mas agora para agradar nossa paquera, namorada ou ficante (e que serve para criança também):

Nível 1: Facílimo

OMELETE DE FRANGO COM BANANA PRA COMER NA CAMA

Bata, por um minuto, dois ovos com um garfo. Misture uma pitada de sal e pimenta-do-reino. Reserve. Pique miúdo ou desfie um filé de frango já grelhado ou cozido. Pique uma banana em pedacinhos pequenos. Pique também duas fatias finas de presunto e duas de muçarela. Ponha uma frigideira com teflon no fogo alto com azeite e, após dois minutos, jogue os ovos e espalhe até o fundo ficar todo preenchido. Depois de mais dois minutos, jogue sobre metade da omelete o frango, a banana, o presunto e o queijo. Dobre a omelete, conte até dez, vire-a com a ajuda de uma escumadeira ou espátula (ou as duas pra omelete não quebrar) e conte até dez de novo. Ponha-a em um prato raso, corte em fatias pequenas e corra pra cama. Simples, rápido e gostoso. Entra no rol das "comidinhas para depois do amor", como dizia o Poetinha Vinicius de Moraes.

Nível 1: Facílimo

TORRADAS PRIMAVERA PARA O CAFÉ DA MANHÃ.

Corte em fatias longitudinais, finas, oito cogumelos-de-paris (champignon) frescos e espalhe-os na frigideira com azeite e uma pitada de sal. Deixe refogar por três minutos. Rale queijo parmesão ou minas sobre todo o fundo da frigideira, cobrindo os cogumelos. Depois de derreter o queijo, ponha rodelas de pão dormido por cima até cobrirem o queijo. Aperte os pães para que fiquem aderidos ao queijo e aos cogumelos e também fiquem torrados. Uns dois minutos depois vire tudo num prato, salpique ervas desidratadas e bom dia!

Nível 2 – Fácil

ARROZ COM BACALHAU
RENDIMENTO: QUATRO PORÇÕES

Deixe de molho, em água gelada, duzentos gramas de bacalhau desfiado. Troque a água de 15 em 15 minutos por quatro vezes ou até sair todo o sal.

Enquanto isso, coloque duas colheres de óleo, uma colher de sopa de sal e dois alhos picadinhos numa panela média. Misture e jogue uma xícara de arroz, de preferência parbolizado, que fica mais firme depois de cozido. Mexa por um minuto e acrescente água até cobrir em um dedo o arroz. Deixe a água secar em fogo alto. Caso a água seque e o arroz ainda esteja duro, ponha mais um copo de água e repita o processo.

Refogue o bacalhau no azeite, com tiras finas de meio pimentão vermelho, meio amarelo e azeitonas pretas fatiadas, por quinze minutos. Misture o arroz já cozido e mexa até incorporar tudo. Confira o sal. Pode-se acrescentar meia xícara de creme de leite fresco, aos poucos. Sirva com cebolinha e salsa salpicadas por cima. Acompanha um bom tinto.

SOBRE CRIANÇAS E PLANTAS

Antes de a minha petita nascer, eu nunca tive paciência para plantar nada, muito menos regar, adubar etc. Quando ganhava uma planta, seja ela qual fosse, eu me lembrava na primeira semana de pôr uma aguinha e nunca mais. Morriam todas, até cáctus. E isso me incomodou, no fim das contas, quando morreu um lindo bonsai, dado por uma pessoa de quem eu gosto muito. Pois foi só eu ser pai que agora é dificílimo alguma planta minha morrer. No máximo dão uma murchadinha reversível. Parece que a torneirinha do amor, quando se abre, além de nunca mais fechar, abre para todas as criaturas que possam depender de nós em algum momento, seja para outras crianças, bichinhos ou até plantas.

Na verdade, o que eu quero é falar de um jardinzinho de ervas que foi pra mim uma ótima terapia pós-separação. E minha filha adorou. Plantas são uma versão viva de tamagotchis, sucesso entre os pequenos. Cuidar faz bem às crianças, e principalmente às meninas, que já nascem com esse instinto. Exercitar a atenção para com outro ser dilui um pouco o egocentrismo normal da idade.

Comprei quatro jardineiras compridas e estreitas que pus na área de serviço, num lugar onde bate sol, e plantei, com mudas ou sementes, ruculinhas, pimentas, orégano, sálvia, manjericão, alecrim, tomilho, hortelã. Tudo pouquinho. Na época, dei uma *googada* em "jardim de ervas" e vi várias ideias. Usei aquela terra adubada, que se compra pronta, e de resto só água e sol. Algumas plantas, como as pimentas, o alecrim e a sálvia, gostam bastante de sol, enquanto outras esturricam, como o manjericão e o hortelã. Água quase todo dia. É claro que algumas morreram, outras deram pragas, mas eu ia replantando e quase sempre tinha o suficiente para minhas receitinhas. Por falar em receitinhas, tenho uma manteiga de ervas e aliche facílima e gostosa que é ótima pra acompanhar saladas ou um pãozinho. Para crianças e adultos.

MANTEIGA DE ERVAS E ALICHE

Quatro colheres de sopa de manteiga, o dobro de azeite extra virgem, quatro filezinhos de aliche, dois galhinhos de orégano, umas folhas de alecrim, tomilho e sálvia. Uma colher de sopa de mel e outra de vinagre balsâmico. Ponha tudo numa vasilhinha e deixe no micro-ondas por um minuto. Dê uma mexida pra desfazer o aliche e pronto. Eu prefiro mais líquida, tipo manteiga de garrafa. Mergulho o pãozinho ou rúcula ou jogo em cima da salada de tomates e cebola. Acompanhando um tinto mais encorpado é uma delícia.

SOB O CÉU QUE NOS PROTEGE

Tenho várias dúvidas a respeito da educação de minha filha. Uma delas é se devemos misturar religião e infância. Os conceitos de amor, respeito, moral e ética, que são essenciais, não precisam necessariamente estar misturados com doutrina, ou precisam? Certo e errado são conceitos dependentes de religião para existir ou para conseguirmos diferenciá-los? E qual é a melhor religião? Sempre a dos pais? E se o pai e a mãe tiverem religiões diferentes? Religião na vida de uma criança é realmente necessária?

Tentar compreender a existência de seres imateriais – que dão e que tiram, que permitem que várias pessoas tenham uma vida longa e feliz e, ao mesmo tempo, que milhares morram em catástrofes ou vivam em miséria – não confunde a cabecinha cada vez mais ocupada das crianças?

Ouvi frases do tipo: "Por que existem pessoas pobres, elas não sabem rezar?", "Não tem problema morrer se a gente volta, né papai?" e "Não precisa de remédio, se eu rezar vou ficar boa". Essas questões me fazem refletir se é a hora de minha filha conviver com dogmas religiosos. E se estes dogmas são compatíveis com as noções de causa e efeito, tão importantes nessa fase. Uma moça que trabalhou com a gente como diarista chegou com esta:

"Deus é tão bom pra mim! Sabe a chuva de ontem? Derrubou dois barracos vizinhos ao meu, matou gente, mas o meu ficou inteirinho. É porque ele sabe que eu sou uma mulher de Deus!"

Ava depois me perguntou se quem morreu ou perdeu a casa era gente do capeta.

Alguns pais não furam a orelha da filha quando bebê, esperando que venha dela a iniciativa quando mais velha; hoje a maioria dos pais respeita a opção sexual de seus filhos, por mais que haja restrições a respeito. Da mesma forma, acho que deixarei para ela escolher sua religião, se ou quando tiver necessidade disso. E respeitarei sua escolha. Mas por enquanto nosso céu será lugar de nuvens, pássaros e estrelas.

NATAL DAS CRIANÇAS

Todo ano é a mesma coisa. Ó, dúvida cruel. Passo o Natal com minha filha ou deixo que a mãe a leve para a casa dos avós, onde a numerosa família, que tem outras crianças da idade dela, se reúne numa festa super animada?

Parece óbvio, mas não é. Houve anos em que ela queria muito passar comigo mas, por pressão ou bom senso, eu a convencia de nos encontrarmos no almoço do dia 25 para que ela aproveitasse mais a noite. O meu natal normalmente é com meus pais e namorada. Sem graça pra ela.

Quando ela completou 6 anos, caímos na real de que havíamos passado apenas um Natal juntos, e isso quando ela era ainda neném de meses. Decidimos que era o nosso ano apesar dos protestos do outro lado. Me vesti de Papai Noel, fomos a uma festinha mais animada e passamos uma noite bem gostosa. Mesmo Ava tendo sacado de cara que o Papai Noel era eu. Maldito tênis.

    Depois desse ano eu vi que bacana mesmo é a gente ter essa conexão. Estando juntos ou separados a gente se lembra do outro, se liga, se chamega, se ama.

PAPAI, MAMÃE

"Papai e mamãe trocam olhares apaixonados enquanto seus filhos brincam, se divertem e depois de muita bagunça enfim dormem. Depois de cobri-los com lençóis e beijos de boa-noite, papai e mamãe se olham mais calorosamente, se beijam e após um brinde com um bom Chianti, adentram seu ninho de amor. *Fade in*."

Essa cena só não estaria no roteiro de um filme dos anos 1960 estrelado por Cary Grant e Doris Day porque o papai e a mamãe aqui não são casados, e também porque as crianças são filhos ou de um ou de outro. Mas nem por isso é menos romântica. Pelo contrário, porque eles não moram juntos, são namorados. Vivem essa fantasia de família no final de semana.

Homens e mulheres separados e com filhos (normalmente da mesma faixa de idade) têm muito em comum no que se refere ao cotidiano, cuidados, preocupações com os filhotes, fazendo com que suas vidas se tornem parecidas. Isso pode não ser nada realmente importante numa relação a dois, mas aproxima bastante. Há várias trocas. E tem essa situação da cena acima que é no mínimo confortável. Você, ela e as crianças felizes, tudo ao mesmo tempo, debaixo do mesmo teto.

Já vi e vivi situações assim e achei muito bacana. Volto a dizer, isso não é nada que pese de fato numa relação, mas é muito gostoso. Sem contar que mulheres com filhos já realizaram seu desejo e não vão ficar querendo outro tão cedo.

Antes que alguma mulher sem filho ache que estou sendo preconceituoso, por imaginar que estou recomendando que o pai solteiro deva namorar uma mãe solteira: conheço homens que, também na tentativa de buscar uma identificação com a namorada, procuram as que têm a idade de sua filha.

CALÇA JUSTA

❝*Por que os pais da Marina moram juntos e você e mamãe não, papai?"*
"Se o neném sai da perereca, por onde ele entra?"
"As pessoas vão pra onde depois que morrem?"
"Como chama o lugar depois das estrelas?"
"Por que tem pessoas pobres? Elas não sabem rezar?"

Por mais que eu tenha a pretensão de ser um pai antenado, moderno e gostar de conversar e responder às perguntas de minha filha, eu me enrolo todo de vez em quando. Sexo e religião são as piores. Tento discutir com a mãe dela alguns conceitos. Mas na hora mesmo da pergunta, eu, que odeio mentir para a pequena, fico sem saber se devo discorrer tão cedo sobre questões tão complexas, que quase não permitem uma explicação simplificada e ainda assim verdadeira. Eu dou umas voltas e ela acaba se dando por satisfeita. Minha geração foi muito mais precoce que a dos meus pais e assim é a geração da Ava comparada à minha. Mas, apesar de saberem tanta coisa, será que estarão mesmo preparadas psicologicamente para tanta informação? Será que descartam sem maiores problemas o que não entendem, ou aquilo fica incomodando?

Uma amiga minha, mãe de uma menina e um menino, questionada sobre o que seria sexo oral e sexo anal pela filha, de 9 anos, saiu com essa:

— Sexo oral é o que se faz de hora em hora e sexo anal o que se faz de ano em ano.

Brilhante!

A cada ano, as perguntas vão pedindo respostas menos fugidias e mais consistentes. Temos que ter sabedoria e habilidade para servir a informação sem transbordá-la do recipiente.

SER OU NÃO SER

Há aquela velha discussão sobre se os fins justificam ou não os meios. No caso do casamento (ou morar junto), eu tenho uma certeza: os inícios justificam os fins. O começo de um relacionamento tem que ser bom demais para que ele evolua a ponto de querermos morar junto. Tem que ser excitante, mágico, complementar, de sonho, pra justificar todo aquele sofrimento do término, que virá, mais cedo ou mais tarde. Gente que já passou por dois pensa assim.

Estou vindo com esse assunto depois de uma conversa que tive com um grupo de amigos. De um lado, os recém-solteiros, cheios de convicções de que nunca mais vão juntar seus trapos com ninguém. Do outro, eu entre eles, os solteiros já sem mágoas, com a memória do término esvanecida pelo tempo, e por isso mais resolvidos e atentos com a possibilidade. A gente, do segundo grupo, há poucos anos fazia parte do primeiro. E eles sabiam disso. Nós também sabíamos que todos os recém-solteiros são radicais e que depois de algum tempo iriam passar para o segundo grupo. Foi bem engraçado. Mas numa coisa fechamos: ninguém segura a ideologia da solteirice depois que encontra alguém especial e consegue enxergar isso. Se o carisma se estende por meses, anos, e se a vontade de ficar junto persiste, podemos até ir com o pé atrás, mas vamos. Esperança. E que venham as alegrias e dificuldades dessa utopia. Como disse Tom Jobim, fundamental é mesmo o amor, é impossível ser feliz sozinho.

FILHO, EU?

Desde que me separei, meus ouvidos buscam histórias e casos de quem também passou por essa doída experiência. Uma delas foi a de um casal que estava há um mês separado (com filho de 4 anos à época) com quem me encontrei, ora com um, ora com outro, na mesma noite, em lugares diferentes da cidade. Ela foi a primeira. Entre os papos de sempre, me disse que pra ficar por uma noite não faltava homem, mas eles evitam namorar mães, pois elas têm menos disponibilidade para se divertir e menos flexibilidade para encarar programas de última hora, entre outras coisas. Concordei em parte. Quando existe um sentimento forte por alguém, se dá um jeito. A família ajuda, o cara topa uns programas infantis. Amor é um motor e tanto para o entendimento. E aproveitei para plantar a sementinha da guarda compartilhada na cabeça dela, que tinha horror de deixar o filho com o ex-marido por julgá-lo avoado demais.

Horas depois estava eu com ele, o ex-marido, numa dessas ótimas coincidências. Ele estava acompanhado. Aproveitando a hora em que a moça foi ao banheiro, ele me disse sorrindo que estava no paraíso, pegando mulher pra caramba, todas lindas, sem se interessar muito por nenhuma, sem sequer guardar o nome ou telefone delas. Estava amando a liberdade pós-separação. A outra face da mesma moeda. Eu perguntei a ele sobre seu filho e ele disse que gostaria de ficar mais com ele do que ficava, mas a ex não confiava muito em suas habilidades de pai. Comecei a falar de como essa confiança pode acontecer gradativamente, tanto na medida da experiência dele quanto no fato de que a criança cresce e fica menos dependente da mãe, e a mãe, dela. Não percebi que já chegara do banheiro a garota do meu amigo. "Você tem filho?", perguntou a mocinha com ar de indignada. "Tenho, por quê?", respondeu ele. Nessa hora, saí de fininho com um sorriso amarelo que significava um pedido de desculpas. Ninguém precisa falar de filho para uma ficante na primeira noite. Mais uma vez, homens e mulheres estão em pé de igualdade.

Três anos depois eles dividiram a guarda (o garoto tem 7) e estão felizes, namorando pessoas legais. E se dão superbem.

COMO NOSSOS PAIS?

Somos melhores pais que nossos pais. E nossos filhos serão melhores pais que nós, eu suponho. Não há problema em constatar que nossa percepção sobre os sentimentos das crianças e nossa preocupação com sua educação informativa e sentimental também evoluiu. As opiniões de avós, pais, parentes e amigos em faixas etárias mais avançadas não devem ser desconsideradas de cara, mas devem passar por nossa peneira antes de serem aceitas como verdade. Os parâmetros mudam. E isso sem desrespeito e sem que precisemos entrar em conflito com a geração que nos criou.

Lembro-me que no auge de alguns conflitos emocionais, lá pelos meus 12 anos, vi um cartoon na revista *MAD*, de um artista que eu adorava e sempre me influenciou muito no desenho, Al Jaffee, que dizia: "Ser rico é: encontrar pelo menos um adulto que não trata você como uma criança idiota." E lá estava na ilustração uma menininha deitada em um divã, conversando com seu analista. Morri de inveja dela. Isso no final dos anos 1970. Hoje ninguém precisa ser rico para pagar um analista para sua criança e mesmo os mais leigos sabem considerar as opiniões e os conflitos dos pequenos. A cada dia a gente os trata como sempre quis ser tratado quando criança, quebrando um ciclo perverso que fazia com que os adultos repetissem, quando pais, abusos e desleixos sofridos por eles na infância. Certos questionamentos meus quando criança eram tratados como "invenção de moda" ou "chifre na cabeça de cavalo", por mais importantes que fossem esses assuntos para mim.

A gente tem que distinguir os conceitos datados ou retrógrados dos que ainda estão valendo. E isso é um mérito dos nossos pais por terem nos dado a capacidade de tal discernimento. E nossos filhos irão com certeza agradecer por isso.

LUNA, AVA E EU

Onipresente, onisciente e onívora. Nossa cachorrinha, Luna, uma *shih tzu* carinhosa e tranquila, está sempre ao nosso lado, sabe minutos antes quando alguma pessoa irá chegar em nossa casa ou se vamos sair, e come tudo que cai no chão.

Eu nunca pude ter cachorro quando era criança e morria de inveja de quem tinha. Tá, eu tive duas tartarugas, passarinhos, hamsters e até um coelho que comeu todo o carpete do apartamento. Eu queria muito poder dar essa experiência pra minha filha e era uma ótima oportunidade. Adotamos Luna, presente de um primo que se separou e não queria uma lembrança tão viva do extinto casamento. Chegou em nossa casa com nome e um aninho de idade. Era o capeta. Subia na mesa e comia restos de comida, fazia cocô por todo canto. Dei um mês para conseguir adestrá-la e consegui. Ela é a amiguinha de Ava e minha companhia quando estou sozinho. Não late, só quando eu digo a palavra "passear", e é linda. Foi pura sorte. Essa raça é uma bênção. Minha filha faz dela boneca, dando comidinhas e banhos, e ela nunca nem rosnou. Mas ultimamente tenho usado a Luna para fazer Ava entender que os animais merecem respeito, que têm sua dignidade e que devemos cuidar de sua integridade física e mental. Isso inclui não tratar o cachorro como boneca, vestindo-o com roupinhas. Da mesma forma que as crianças, precisamos dar a eles carinho e amor. Mesmo que a Luna tenha comido a cabeça da boneca nova ou a capa de um disco antigo do Frank Sinatra. Mesmo que seja a maior devoradora de calcinhas e meias. A culpa é nossa por deixarmos coisas ao alcance dela. Nossa cachorrinha faz nossa vida melhor. Luna, Ava e eu somos uma família feliz.

OS NOMES DO ROSA

"Quero esse casaco cor-de-rosa, papai, e essa saia pink. Essa meia rosa-choque listrada também. A calcinha da moranguinho e essa blusinha rosa-bebê. Não são lindas?"

A onda rosa não acaba, nem ao menos diminui. Eu nunca tive nada contra o rosa. Principalmente o rosa clarinho, bebê. Tenho algumas camisas sociais com essa cor, que compõe muito bem com ternos escuros e claros. Mas depois de ser pai de uma menininha passei a ter overdose diária de rosa.

Desde cedo me interesso por misturas de cores. O domínio do universo cromático é importantíssimo para qualquer artista plástico. Decorre disso minha indignação, não com a preferência por uma cor, mas pelo desprezo pelas outras.

Fomos Ava e eu ao shopping comprar roupas de frio um dia, quando se deu a fala que abre esse texto. Depois de discorrer até com certa prolixidade sobre a importância e a utilidade de todas as cores, chegamos a um acordo. Ela iria abrir mão do rosa em metade das roupas. Claro que essas cores alternativas acabaram sendo o roxo, o vermelho, o carmim, o lilás. Mas já era um avanço, pensei eu. Só não contava com sua contraproposta. Eu teria que comprar algo rosa para mim. E não podia ser rosa-bebê, pois eu já tinha.

Topei, achei justo. Para meu alívio, estava certo de que não encontraria numa loja masculina nada que fosse pink ou cor parecida. E assim foi. Ava ficou decepcionada. E de certa forma eu também. Queria cumprir o trato.

No dia seguinte ela se lembrou do cachecol pink que ganhou e imediatamente me deu de presente. E não é que ficou bom? Saímos juntos à noite, felizes, desfilando nossas roupas e até ganhamos alguns elogios de desconhecidos. Todas as cores são lindas mesmo.

PAI: EFEITOS COLATERAIS

Dia desses, fazendo frio, eu me peguei incomodado com a linda secretária que estava de blusa de alcinha e se encolhia no canto da sala. Cedi meu casaco a ela. E fiquei com frio por algumas horas até que me acostumei. Enquanto meu corpo se adaptava ao ar-condicionado, culpei os meus 40 anos por me comover tanto por mulheres bonitas.

Na rua, encontrei um amigo, assumidamente boêmio, e insisti para que ele comesse alguma coisa entre uma cerveja e outra.

Incerta quanto à sua vida profissional, minha namorada ouve de mim conselhos intermináveis sobre qualificação e seriedade na profissão, seja ela qual for.

Outro dia, senti uma raiva súbita ao ser abordado por uma senhora pedindo esmola, com um bebê no colo. Estava fazendo muito frio.

E passando pelo *drive-thru* de uma famosa lanchonete, vi um casal magrinho com duas crianças obesas se empanturrando de batatas fritas. Incômodo enorme.

Daí tive uma epifania. E fiz as pazes com meus 40 anos. Não era nada daquilo.

Com a oitocina em alta (o hormônio do amor, que é abundante em pais e mães) e acostumado a repetir os procedimentos paternos, acabo por ter um comportamento paternal mesmo com pessoas adultas e responsáveis por si mesmas. Além de desgastante pra mim, deve ser chato pras pessoas que me cercam.

Estou tentando me policiar. Mesmo minha filha acha ruim quando insisto para que tome banho, escove os dentes, coma bem, durma na hora certa. Eu mesmo odeio quando meus pais me dão conselhos. Mas há alguns momentos em que não consigo ficar de boca fechada. Daí a culpa é da minha chatice inata mesmo.

PARTE 3
CRÔNICAS DE VIDAS SEPARADAS

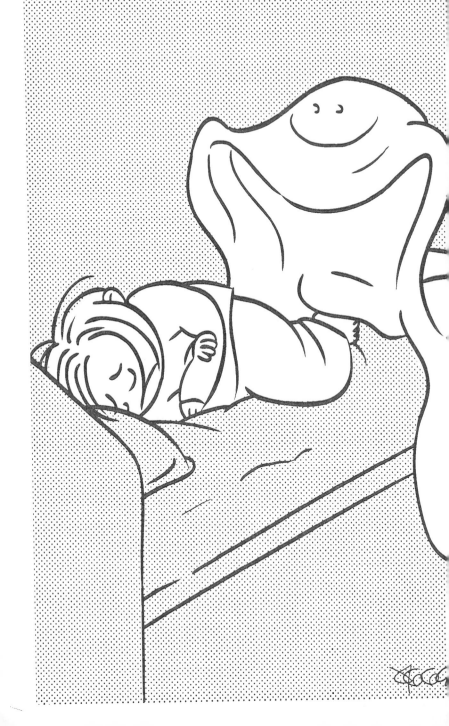

A LOJA DOS SONHOS DO PAI SOLTEIRO

COBERTOR TÉRMICO NANOCINÉTICO

Você já deve ter acordado no meio da noite e, ao passar pelo quarto de seu filho, o viu encolhido de frio num canto da cama, com o cobertor no chão. Para as crianças que durante o sono agitado se livram do cobertor, mesmo numa noite fria de inverno, criamos o Cobertor Térmico Nanocinético.

Além de ter aquecimento elétrico alimentado apenas por quatro pilhas AAA, o Cobertor Térmico Nanocinético, desenvolvido com nanotecnologia, tem nano-robôs entremeados em seu tecido, que detectam e se movem em direção à fonte de calor, cobrindo a criança. Não importa quantas vezes e quão longe a criança o jogue. O Cobertor Térmico Nanocinético volta para a cama e a cobre novamente. Diga adeus às gripes de inverno. Peça o seu Cobertor Térmico Nanocinético nas melhores casas do ramo.

COLHER OU GARFO VOADOR AVIÃOZINHO

Se você come um prato frio todo dia porque precisa alimentar antes a sua criança, que não se alimenta direito quando está sozinha, você precisa conhecer a Colher/garfo Voador Aviãozinho. Criada por engenheiros e designers da NASA, ela voa de verdade. E obedece a comandos de voz. Você diz: "arroz" e ela vai até o montinho de arroz e deposita na boca da criança, que se alimenta ao mesmo tempo em que se diverte. Ligada no modo *camuflagem*, você diz "Quiabo" e a Colher/garfo Voador Aviãozinho recolhe no prato, além de quiabo, outro alimento mais querido pelos pequenos, como uma batata frita, e a coloca por cima do quiabo, enganando carinhosamente a criança. Colocada no modo *acrobacia*, a Colher/garfo Voador Aviãozinho dá voltas em cima da mesa, desviando-se do lustre, antes de atingir o seu objetivo final: a linda boquinha de seu filho ou filha. Isso sem deixar cair um grão de feijão. Sua tecnologia é confidencial. Disponível nas cores rosa, azul e também prata, que compõe muito bem com seu faqueiro.

DVD INDUTOR DO SONO GOOD DREAMS

Com o DVD Indutor do Sono Good Dreams, a sua vida será bem mais fácil. Basta pôr em seu aparelho de DVD e apertar a tecla play, que em cinco minutos a sua anjinha estará dormindinha com um sorriso nos lábios. O DVD Indutor do Sono Good Dreams tem, editado de maneira subliminar, bocejos e espreguiçadas de personagens famosos, da Bela Adormecida à Branca de Neve, passando pelo Homem Aranha e Wolverine. Mas não é só isso. Um zumbido pulsante ultrassônico, inaudível para o ouvido humano, causa um efeito relaxante nas crianças, induzindo-as ao sono imediato.

Disponível nos títulos: *O castelo de sonhos* (meninas) e *Programado para apagar* (meninos).

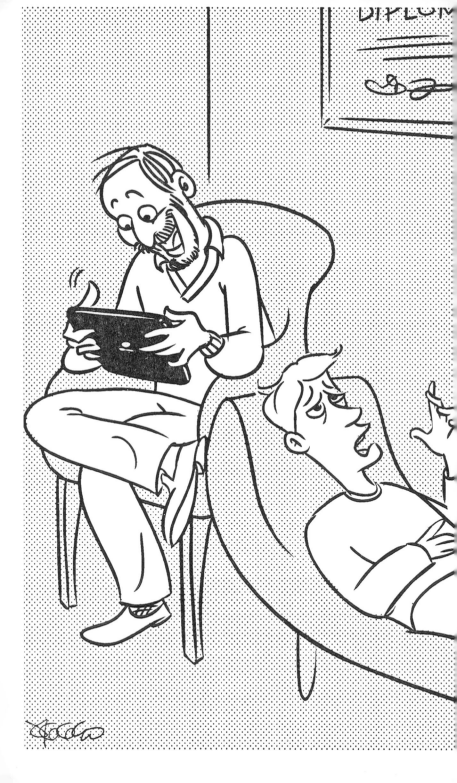

PAI SOLTEIRO NO DIVÃ

COMPLEXO DE JOÃO E MARIA

Acomete homens e mulheres que, estando em uma relação já desgastada, sem desejo e cumplicidade, não se separam de tanto apego que tem pela casa, pelo lar, pelos filhos, pelo cotidiano em família. Viram um casal de irmãos. Muito comum engordarem bastante, pois trocam prazeres de várias naturezas pelo prazer gastronômico. Quando tentam tirar a aliança, ela simplesmente não sai mais.

COMPLEXO DE BENJAMIN BUTTON

Acomete homens e mulheres que, depois de um longo relacionamento, se veem de novo solteiros e disponíveis. Constatando que era mais fácil no passado conseguir companhia, esses indivíduos começam a se comportar de forma anacrônica, usando gírias defasadas, roubando para si roupas de seus filhos ou filhas e fazendo várias cirurgias estéticas. Algumas mulheres chegam a negar que sejam mães de suas filhas, e homens que antes iam, chateados, buscar seus filhos e filhas em festas, passam a entrar no recinto para dar uma circulada.

SÍNDROME DE HIPOTENUSA

Casais que têm história, ainda se gostam, mas sentem o peso do cotidiano em sua vida sexual são os mais acometidos por essa síndrome. Viram catetos à caça da hipotenusa que lhes mostre um ângulo menos reto. Tão logo se satisfazem, passam a ser um círculo perfeito e tratam a outrora desejada hipotenusa como uma ameaça à sua felicidade.

SÍNDROME DE MADASTRA MALVADA

Acomete aquela linda mulher que, antes de se casar e principalmente de engravidar, adorava e tratava muito bem os filhos do primeiro casamento do marido, mas, depois de parir o seu próprio rebento, passa a tratá-los como se fossem avatares da mãe deles. Acaba afastando o pai da convivência com as crianças por simples capricho e egoísmo. Talvez medo de dividir bens materiais e atenção.

SÍNDROME DE BABUÍNO

Em geral, acomete aquele cara legal e moderno, que teve várias namoradas depois de separado, trata super bem a ex-esposa e os filhos até o dia em que vê que a ex está realmente e finalmente gostando de alguém pra valer. Daí ele desanda a atrasar a pensão, some do mapa por dias, fica agressivo e acaba por tentar se reconciliar a qualquer custo. Normalmente diz que nunca amou alguém de verdade, fora ela (a ex).

COMPLEXO DE MEDEIA

Acomete algumas mulheres cujo ex-marido está em vias de se casar de novo. Ela passa a hostilizá-lo e a dificultar o contato dele com os filhos. Com medo de perdê-lo definitivamente, ela usa as crianças como moeda de troca para chamar sua atenção. Cega de ciúme, não vê que prejudica os filhos em nome de sua vingança. Acusa sem justificativa a atual companheira do ex de falsa e sem-vergonha, podendo chegar a tratá-la por palavras de baixo calão.

COMPLEXO DE WALLY

Alguns homens que se separam sofrem do complexo de Wally por algum tempo. Simplesmente somem. Querem mostrar para si e para todos que estão se dando bem sozinhos. Ou tentam demonstrar mágoa ou vingança com sua ausência e acabam quase esquecendo que tinham família. Infelizmente quem sofre mais com isso são as crianças. Acham que o pai deixou de gostar delas e se sentem culpadas por isso. Anos depois, esses pais fujões tentam se reaproximar dos filhos. E alguns conseguem ser bem-sucedidos na retomada da carreira de pai.

TRILOGIA DE SEPARAÇÕES FRUSTRADAS

1. ESPERANÇA

Esperança se separou quando poucos casais em sua cidade tinham a coragem de fazê-lo. Aliás, não separou, foi separada. De tanta certeza que o marido tinha de que ela nunca faria nada a respeito de suas infidelidades, um dia ele passou da conta. A filha e alguns vizinhos o viram agarrado a uma loura de short branco, dentro de um Puma sem capota, igualmente branco. Só restava à Esperança pedir o divórcio para recuperar a dignidade. Apesar de ele dizer que estava bêbado. Apesar de a filha culpar a mãe por ser tão séria e moralista. Tinha orgulho de que seus pecados, confessados na missa das 11 de domingo, se restringissem à sua preguiça pela manhã e à inveja de sua chefe, casada há trinta anos e aparentemente realizada. Crispa as mãos na altura do peito quando lhe bate qualquer desejo que lhe faça cócegas abaixo do umbigo. O marido (assim ainda o chama, quando se refere a ele para estranhos) já havia casado duas vezes e estava para se separar de novo. Ele sempre contava tudo a ela, depois, tentando buscar sentido para aquela relação que sobrevivia apenas por conta da filha que amavam tanto. E, a cada reclamação dele, um tijolinho de felicidade reerguia dentro dela aquela ruína que já fora uma família. "Por isso nunca quis casar de novo, se não deu certo com você não daria certo com ninguém", ela dizia. E ele, ignorando os óbvios duplos sentidos de todas as suas frases de consolo, discordava: "Não deu certo porque eu sou um idiota, você é uma mulher maravilhosa e devia tentar se apaixonar de novo." Seguiu-se um beijo no rosto e o *hasta la vista baby* de sempre. Saiu e, como tem a chave, nunca precisou que ninguém o acompanhasse até a porta.

2. PIEDADE

Estava casada há trinta anos. Um dia acordou com a ideia de se separar do marido. A filha se casou, se separou, e agora estava morando com um brasileiro que era seu professor em Barcelona. "É tão fácil para os jovens se separar, mas tão difícil para os velhos", pensou. Não mais para ela, que de súbito se sentia jovem de novo. Ainda tinha saudades da paixão, do sexo arfante, do coração disparado. Tudo aconteceu em menos de um mês. O marido pouco disse. Nem iria adiantar nada, ele sabia. Só argumentou que deveriam vender o apartamento em que moravam e a casinha em Lavras Novas, povoado perto de Belo Horizonte, para dividirem o dinheiro. Ela negou, disse que a casa na roça era a única coisa que ela queria. Alugaria um quarto e sala na cidade e tudo ok, não precisaria mais do que isso. Ele se prontificou a pagar o aluguel já que ficaria com o imóvel que valia muito mais. Assim foi. Ela viajou horrores, bebeu, fumou... Namorou jovens e velhos, se apaixonou, teve infecção urinária, o coração partido, esnobou cavalheiros. De vez em quando falava com o ex-marido ao telefone, que ligava para ela em aniversários e réveillons e a encontrava em filas de cinema e shows. Tinham ou desenvolveram ao longo dos anos um gosto muito parecido para a arte. Quando completou 60, Piedade deu uma festa de arromba. Até a filha veio com o namorado de Barcelona. O ex foi, ficou menos de uma hora. Semanas depois, Piedade foi visitá-lo. Parecia triste e doente. Após insistir muito, ela lhe arrancou a verdade. Depressão por conta de um câncer. Passava o dia todo deitado, estava aposentado por invalidez e terminou com a namorada para poupá-la do luto. Na semana seguinte Piedade muda de mala e cuia para sua antiga casa, também termina com seu namorado, quinze anos mais moço, e passa a tratar o ex, em vez de Roberto, como sempre fez, por "meu amor".

3. GRAÇA

A arquitetura em espelho do apartamento, projetado originalmente para um casal com dois filhos adolescentes, foi um grande argumento. Mas o mais provável é que ambas estivessem pensando a mesma coisa há tempos. A obra foi rápida: uma parede cortando ao meio sala, cozinha e área. Cansavam de repetir a amigos e visitas que não era nada demais, elas se viam apenas quando ambas queriam o contato e era tudo. Gostavam do bairro, do prédio, e metade do apartamento era suficiente para uma pessoa. No elevador não se limitavam a bom-dia e boa-noite. Quase dez anos de convivência juntando amizade, namoro e casamento permitiam que elas fossem além sem maiores arrependimentos. Trocavam receitas e ingredientes. Davam carona uma pra outra. Chegaram a sair juntas com suas novas companhias, mas não deu muito certo. "Foi demais para as pobres cabecinhas delas!", riram muito depois. Uma era filha única, a outra, filha bastarda de um bem-sucedido empresário da construção civil. Depois de alguns anos, passaram a se apresentar como irmãs e não tiveram mais problemas com ciúme. Até que conheceram Graça. Se apaixonaram instantânea e violentamente por aquela ruiva de gestos contidos e sorriso mágico. Graça, após frequentar os aposentos de ambas, ordenou que derrubassem aquela parede que lhe lembrava o muro de Berlim. Não foi atendida. No entanto, abriram uma porta na área de serviço e lhe deram, dentro de uma caixinha com um lacinho, a única chave, no dia de seu aniversário.

DÔDI

Letícia era uma boa mãe. Interessava-se pelo desempenho do filho na escola, comparecia a todas as reuniões, se esmerava na elaboração de uma dieta equilibrada e saudável, ia às peças de teatro infantil premiadas, a filmes que não subestimavam a inteligência das crianças e lia todas as noites, para embalar o sono de seu pequeno, livros que eram elogiados e recomendados por pedagogos. A rotina de mãe solteira somente às vezes era pesada. Ela elegera aquele menininho como o homem de sua vida e assim seria. Quando estava em algum projeto mais difícil (abandonou o emprego de horário integral para trabalhar como designer *free-lancer* em casa), virava noites, se entupia de café com guaraná, maquiava as olheiras, mas não furtava seu tempo e atenção a seu filho.

O pai da criança morava nos Estados Unidos e era casado com uma americana que, com chantagens emocionais e financeiras, afastou-o definitivamente do filho brasileiro. O caráter duvidoso do pai, sempre atrás de vida fácil, era a desculpa para que Letícia não se amargurasse. O menino era seu orgulho e ela faria tudo para que ele fosse o oposto do pai: um profissional brilhante e responsável, daqueles que são referência em sua área, que dão palestras e entrevistas. E que, por consequência, alcançam grande sucesso financeiro. "Dinheiro é a recompensa por um trabalho bem feito, nunca deve ser o objetivo principal de alguém decente", filosofava ela. Quando o pai morreu, de modo misterioso, Letícia teve um misto de alívio e preocupação. Ela sonhava que o pai de Marquinhos daria uma força para que o menino fizesse faculdade em uma escola americana, possivelmente Harvard.

Um grande Pato Donald foi o último presente enviado pelo pai, através de um amigo, um cara esquisito que lhe deu um recado esquisito. Ela nem se deu ao trabalho de pensar muito sobre aquilo. O menino no mesmo instante se apaixonou por aquele boneco de chapéu de marinheiro que chamava de Dôdi. Dôdi era arrastado, amassado, molhado e vivia cheio de manchas de comida ou coisa pior, por isso passava quase todo dia pela máquina de lavar. Quando não amanhecia limpo e seco, o dia prometia começar mal. Com os anos, Dôdi havia virado não a lembrança do pai, mas um membro inerte da família: tinha lugar fixo na mesa e era mais amado que a avó com alzheimer. Marquinhos não pensava nele como um brinquedo, era seu melhor amigo, dependia dele emocionalmente. Foi às primeiras duas semanas de aula acompanhado de Dôdi, até que a professora se cansou de ter que dar beijinhos de despedida naquela pelúcia suja. Para Letícia, supersticiosa ao extremo, Dôdi era como uma mistura do coelho da Mônica com Chucky, o brinquedo assassino. Tinha medo de que ele começasse a falar à noite, possuído pelo espírito do pai, contando os detalhes ignorados de sua morte violenta. Agora além de enfiar Dôdi na máquina, dava duas voltas na tranca da porta que separava a cozinha da área.

Um dia, aproveitando que Marquinhos não estava tão obcecado por Dôdi — tinha acabado de ganhar um autorama e só tinha olhos pra o brinquedo novo —, Letícia sequestrou o boneco e o entregou ao primeiro menino que a abordou no sinal de trânsito.

Alguns anos depois o pai de Marquinhos volta ao Brasil com nome e rosto diferentes. Está milionário por ter conseguido enganar a companhia de seguros com o apoio de sua comparsa. Procura seu filho e é chantageado pela mãe, que alegou ter gasto muito dinheiro com o menino desde que ele havia "morrido".

Jurandir pensou, riu, e depois esbravejou: — O que você fez com os 50 mil dólares que eu enviei no boneco de pelúcia? Torrou com roupa e porcaria?

UMA NOITE INESQUECÍVEL

Depois de vários anos sem ir ao inferninho que adorava, ele fica sabendo que o lugar vai ser reinaugurado depois de uma reforma. Sua mulher entra no seu Facebook, lê mensagens bastante comprometedoras e ele admite que, apesar de amá-la e de não tê-la traído, tinha compulsões por aventuras virtuais. É expulso de casa. Como antigo *habitué* e velho conhecido dos proprietários, consegue duas cortesias. Acha que a cena da mulher é apenas uma crise e não vê mal algum em aproveitar a oportunidade. Leva o amigo que estava lhe emprestando o sofá e demora pra chegar ao balcão. Lotado. A música péssima, as moças não o notavam e a única pessoa conhecida era seu novo estagiário, que o cumprimentou com um aceno. Pede uma cerveja e recebe uma carta com quarenta opções. Sorri pra gatinha ao lado, que bebe rindo um ice com energético. Ela dá um beijo na namorada e lhe mostra o dedo médio. Ouve uma gargalhada do amigo, mas finge que não é com ele. Enquanto tenta ler a carta de *premium beer*, na penumbra, relutando em sacar os óculos para presbiopia, cogita a possibilidade de estar fora da faixa etária recomendada para o estabelecimento. Finalmente toca uma música que presta, "Bed's Too Big Without You", do The Police. Já com uma *stout* amargando a língua, vê um homem mais velho que ele beijando uma garota que parecia bastante com sua sobrinha. Lembra que tem que sair pra fumar, sobe a escada e vê em contra luz uma silhueta vindo em sua direção. Quando consegue focar, reconhece sua mulher, ruiva e com um vestido azul-esverdeado maravilhoso. Acompanhada.

HOMENS MORREM CRIANÇAS, MULHERES NASCEM ADULTAS*

Esse aí em cima é o título do livro de autoajuda que eu, infelizmente, nunca vou escrever. Me veio à cabeça quando minha filha começou a dar banho, comidinha e beijos de boa-noite em suas bonecas. De vez em quando a Luna, nossa cachorrinha, entra na dança. Se não fosse pela sua índole de monja tibetana, a coitada já teria fugido há tempos.

Pois é, o que leva as meninas a brincarem tão cedo com sérias e trabalhosas obrigações futuras? Eu sei que hoje é

---

* *N. do A.* Publicado originalmente na revista *Gloss*

meio *démodé* ficar evidenciando contrastes entre homens e mulheres, que é legal agora sermos como as ideologias políticas contemporâneas: *sutilmente* diferentes.

Mas na infância essa diferença é gritante. Século XXI, e minha filha brinca de princesa-mamãe. Não nego que haja uma modernidade aí, porque *o príncipe* nem é mencionado.

Instinto. Como uma leoazinha que brinca de caçar, mulheres exercitam desde crianças a maternidade, tornando as coisas mais fáceis quando efetivamente virarem mães. E tem outra. Eu, como pai solteiro, fico sempre impressionado com o sexto sentido materno, esse *software* nativo feminino que facilita demais a vida das mulheres. Já vi uma mãe descolar os olhos de seu livro apenas um segundo antes do filho fazer uma besteira e conseguir alertá-lo, outra que desconfiou de uma babá só de olhar pra ela e depois descobriu que a moça tinha ficha mais suja que fralda usada, e ainda outra que acordou no meio da noite sem motivo, foi ao quarto de seu filho e encontrou-o ardendo em febre. Se vendessem o elixir do sexto sentido em farmácia, acho que eu o compraria mais do que remédio pra nascer cabelo, se existisse também.

Essa falta de especialização não exime o pai de sua presença e responsabilidade, mas torna a tarefa mais trabalhosa pra nós. Enquanto minha filha e eu estivemos na praia, não consegui ler nem vinte páginas de um dos livros que levei, pois tinha que ficar alerta o tempo todo para garantir que ela estivesse bem. Não tenho essa autoconfiança natural das mães. Claro que se eu tivesse esse "sexto sentido" bem aguçado também tentaria usá-lo em tarefas menos nobres como aplicar na Bolsa ou jogar na loteria. Mas uma parte da grana que eu ganhasse iria pra conta-poupança da minha pequena, juro

NOSSOS DESTINOS FORAM TRAÇADOS NA MATERNIDADE *

❝Amor da minha vida, daqui até a eternidade...˝ Não tem jeito. Eu sempre me lembro de minha filha quando ouço esses versos. A mãe dela sentada na cadeira especial para o parto de cócoras, ela chegando aos meus braços, eu limpando aquele creminho do corpo dela, ela chorando, eu chorando. Dia mais bonito na minha vida não tem. E está tudo aqui na minha memória, sem registro em vídeo ou foto. Eu não sei por que sou tão apegado a ela. Li uma matéria que dizia que a oitocina, o hormônio do amor, é que faz isso. Tem homens que

---

* N. do A.: Publicado originalmente na revista *Claudia Bebê*

produzem mais, outros menos. Daí existirem pais que abandonam os filhos. Eles não teriam oitocina suficiente para sentir o indescritível prazer de ser pai e para devolver esse prazer em carinho, em amor, em presença. Faz sentido, mas não é só isso. Tem uma coisa menos emocional nisso tudo e menos altruísta. Minha filha me renova. Eu tenho constantes *flashbacks*, *déjà vus*, acesso memórias adormecidas, algumas dolorosas, mas sempre pertinentes. Minha filha me faz ser um homem melhor. Por ser pai de uma menininha, hoje, entendo, por exemplo, que a sedução é inerente às mulheres, assim como a vaidade e a dificuldade na escolha de roupas e sapatos. Não que eu não fique impaciente ao esperar por elas. Mas passei meu limite de 15 para 30 minutos sem reclamar.

Quando me separei, minha filha tinha um ano e meio. Foi um momento difícil. Até eu conseguir segurança para ficar com ela sozinho demorou um pouco. Eu tinha pesadelos horríveis, e em todos eles eu vacilava e acontecia algo com a pequena. Mas depois de encarar minhas limitações e procurar ajuda e informação, tanto com profissionais quanto com família e amigos, cheguei a uma segurança razoável. Hoje, sete anos depois, fico metade da semana com meu amorzinho e a mãe a outra metade, e nos falamos quase todo dia, por telefone, email ou Skype. O pior momento da minha semana, hoje, são as primeiras horas sem ela. Mesmo cansado de tomar conta de criança, fico com uma saudade enorme. Mas esses dias sozinho são essenciais pra eu fazer as coisas que não posso quando estou com ela, incluindo namorar mais à vontade, andar pelado pela casa, trabalhar de madrugada ouvindo música e tomar mais tarde um café da manhã menos saudável.

Nossos dias são bem normais, acordamos lá pelas nove horas, tomamos café, vemos um pouco de Bob Esponja e daí vamos fazer as coisas que precisamos. Eu trabalho, lavo a louça, ela vai fazer dever, arrumar seu quarto. Daí almoçamos, vou levá-la pra escola e no começo da noite lanchamos juntos, conversamos, desenhamos, dormimos. Tudo isso entremeado por "vai escovar os dentes", "vai tomar banho", "já comeu doce demais", "já ficou muito tempo jogando no computador", "vai sentir calor com essa roupa", "lembrou de colocar o casaco na mochila?", "tá na hora de dormir" etc. Eu sou um pai sem glamour e às vezes fico chateado com isso. Mas prefiro que ela se lembre de mim assim, quando entender que amor é carinho, limite e rotina. E não apenas presentes, clube e *fast-food* no fim de semana.

Pra também fechar este texto com o querido poeta Cazuza, vai uma versão de "Faz parte do meu show" pra minha filhinha Ava:

Te levo pra escola e encho a sua bola com todo meu amor/ te levo pra festa da sua amiguinha, compro lápis de cor/ faço promessas malucas tão curtas quanto um sonho bom/ se eu te escondo a verdade, baby, é pra te proteger da solidão/ Faz parte do meu show/ faz parte do meu show, meu amor.

Confundo teus cachos com cachos de uva, com cachinhos de flor/ você, minha filha, mudou minha vida, me lembra um beija-flor/ Vago na lua deserta dos bares de Belô/ Quando a saudade aperta, ligo só pra ouvir o seu alô/ Faz parte do meu show/ faz parte do meu show, meu amor.

SER PAI, SER FILHA

Ser pai de uma menininha é:

- Saber que Barbie é mais sobrenome de boneca do que nome.
- Fazer um curso básico de maquiagem.
- Entender que a obsessão feminina por roupas e sapatos é inata.
- Saber os diferentes nomes do rosa.
- Entender que as mulheres simplesmente não conseguem deixar de seduzir.
- Receber beijos carinhosos e abraços apertados sem nenhum motivo.
- Começar a misturar as histórias da Branca de Neve e da Bela Adormecida.

- Ser careca e ler tudo sobre cabelos cacheados.
- Encontrar bilhetinhos lindos embaixo do travesseiro e adesivos de coração grudados na TV.

Ser menina criada (também) pelo pai é:

- Amar o time do pai e saber de cor o hino.
- Saber usar o computador e o celular desde bem cedo.
- Levar revistas em quadrinhos pro banheiro e ficar lá quase meia hora.
- Saber se divertir sozinha.
- Saber desde sempre que gritar não é a melhor maneira de se comunicar.
- Descobrir bem cedo a diferença entre meninos e meninas.
- Entender que cerveja é a batata frita dos adultos.
- Não entender por que o pai, sendo careca, tem na gaveta do criado-mudo um gel.
- Saber que, existe sim, hora pra bagunça.

DE UM PAI SOLTEIRO PRA OUTRO

LUÍS SANDER

Carta a meu primeiro amigo, *in memoriam*

Meu caro amigo Luís,
Eu, com minha ingenuidade dos 17 anos, te dei a maior força quando você quis engravidar sua namorada para poderem morar juntos, também aos 17. Depois que o Lucas nasceu a gente viu que as coisas não seriam como aquela balada do Culture Club, "Love is Love". Mas até que não foi tão difícil assim, né? Você e a Lu ralaram, mas criaram dois lindos e talentosos rapazes. Você foi o primeiro cara da minha idade com quem eu convivi e que era pai. Isso me fez te admirar

mais do que antes. Eu nunca vou me esquecer do dia em que nós três, deitados comendo pipoca e vendo *Fantástico*, naquele apartamento do centro que tinha uma bela vista para o viaduto Santa Tereza, nos desesperamos com o rompimento da bolsa da Lu e disparamos pra maternidade como se o *Terminator* estivesse atrás de nós. Marinheiros de primeira viagem. Muitas emoções.

Me inspiro em algumas de suas brincadeiras com o Lucas pra animar a minha pequena. E em como você usava de todos os seus talentos para fazê-lo rir e te admirar. Antes de todo esse papo de guarda compartilhada, você, depois que virou pai solteiro, tinha uma relação intensa com seus filhos, sempre deu tudo pra eles, do brinquedo mais bacana à palavra mais oportuna. Educação. Bom humor. E música. Muita música.

Se você tá fazendo falta pra nós, amigo, imagine pra eles. Mas fica tranquilo porque o que você daria seria mais do mesmo que sempre deu. Eles já têm tudo de você. Cara, inteligência e talento. Você fez um trabalho muito melhor do que a maioria absoluta dos pais. E continuará fazendo por conta do que deixou na memória dos meninos, que tomara, seja tão boa quanto a sua. De elefante.

Rapaz, quando Ava nasceu, você foi a primeira pessoa de quem me lembrei, porque depois do nascimento do Lucas eu nunca mais tinha dormido em uma maternidade. Quero ser um pai bacana como você sempre foi. E um ótimo ex-marido também. Tarefa que às vezes é difícil, mas é essencial.

Abraço, queridão. Ah, acho que o The Police não vai voltar a tocar mais junto.

MEU PAI, AGGEOZÃO

Além das diaristas que nos ajudam duas vezes por semana aqui em casa, tenho a sorte de ter um paizão que vem pra cá ficar com Ava toda vez que preciso sair à noite estando com ela. Além de pegar e levar a petita na escola quando não posso, topar as brincadeiras mais cansativas, ter um *know-how* de fazer cabaninhas como nenhum outro e ser aquele vô coruja que tira fotos e conta histórias, meu velho pai é um violonista de mão cheia que acompanha a neta quando ela quer soltar a voz. A última música que Ava aprendeu foi "Caminho das Águas", de Rodrigo Maranhão, interpretada por Maria Rita. Há alguns dias vi os dois ensaiando e fiquei muito emocionado. Só nesse dia, vendo sua disponibilidade, dedicação e carinho, foi que me lembrei que meu pai se separou da mamãe há vinte anos, teve algumas namoradas, mas continua pai solteiro como eu. Ele é a primeira pessoa pra quem ligo quando preciso de ajuda. Algumas babás são supercompetentes e carinhosas, mas ter a companhia da família nos momentos em que não estão com os pais é ótimo para o amadurecimento cultural, intelectual e afetivo das crianças. Mas devo a meu pai a tranquilidade de ir trabalhar ou me divertir quando deixo os dois cantando juntos e vou ouvindo até sair pela garagem o som de risos, seu violão e a voz de minha filha. Dá até pena de sair.

PATO DONALD

Estava relendo alguns gibis antigos, um dos itens do meu patrimônio mais cobiçados por Ava. Deitei-me na rede com uma pilha de revistas e comecei a viajar como não fazia havia uns 30 anos. Carl Barks, o homem dos patos. O cara brilhante que inspirou Spielberg, George Lucas e tantos outros artistas, eu inclusive. Suas histórias mais pareciam *storyboards* de cinema. A editora Abril lançou no Brasil, há poucos anos, a coleção completa de histórias da família Pato desenhadas por ele. Disney era a grife, o artista era Barks. Escrevia as histórias e as desenhava. Grande roteirista e exímio desenhista. Apenas com o preto e o branco o cara desenhava paisagens lindas inspiradas nas fotos da revista *National Geografic*. Suas sombras são magistrais. Dar expressão e personalidades tão marcantes a patos não é fácil. Não é por outra coisa que o Donald é meu personagem preferido. O marinheiro é mais humano do que muito candidato a presidente. Ele tem preguiça, ciúme, inveja, ódio, momentos brilhantes, tenta o sucesso tantas vezes quanto se frustra, ama, e é pai solteiro de três patinhos capetas (esse papo de tio já era). Foi a contragosto pra guerra. Tem tanto caráter que perdeu o lugar de símbolo americano pro Mickey, caguete macartista.

O negócio é que o Donald queria ser bom pai, mas eram os patinhos que precisavam consertar suas bagunças. Davam-lhe, depois, lições de moral com o manual do escoteiro mirim em punho, comprovando que estavam certos. O Google é o novo manual dos escoteiros, já fui corrigido algumas vezes por ele. Donald, que é sobrinho do pato mais rico e mais sovina do mundo, se submete às piores humilhações pra pôr comida em casa. Sente inveja e frustração quando o primo Gastão, apesar de incompetente, se dá melhor por pura sorte ou bajulação. Não sei se é vantagem ou desvantagem pra ele seus filhos não crescerem, ele curte o dobrado e também não tem problemas com idade. Admiro o caráter de alguém que, mesmo sendo considerado um fracassado, se aceita como é ao mesmo tempo em que tenta melhorar. Nunca vou esquecer dois desenhos animados (não sei se Barks é o roteirista, mas bem pode ser) em que Donald passa a falar com uma linda voz. Num deles, por conta de pílulas, ele vira um ótimo vendedor devido à voz galante e, confiante, vai pedir a Margarida em casamento. É claro que as pílulas acabam bem na hora. No outro, depois de um vaso cair em sua cabeça, Donald tem amnésia e passa a cantar com a voz do Frank Sinatra. Fica rico e famoso, mas passa a tratar a namorada como uma estranha. Margarida faz de tudo para ser lembrada, mas, sem sucesso e louca de amor, ela decide jogar outro vaso em sua cabeça para que ele volte ao normal. Em um momento se questiona: "O Donald de voz feia, pobre e azarado de sempre, mas que me ama, ou o Donald da bela voz que é amado por todos, admirado, rico e feliz, porém, que me despreza?" Era ela *versus* o mundo. E ela grita: "EU, EU, EEEEEEU!!!!" e lhe manda o vaso direto no coco.

10 DICAS DE UM PAI SOLTEIRO

Para pais separados: não se refira à sua casa como sendo a casa do papai. Sempre como sendo a casa da criança e do papai ou simplesmente a "nossa casa". O mesmo vale para a casa da mãe. É da criança e da mamãe.

Se tiver mais de 40, dê preferência a diaristas ou babás mais velhas. Se você for separado, ou vira tortura ou confusão. Daí é problema na certa. Se for casado, pode levar um cascudo da patroa da primeira vez que ela flagrar você dando uma olhadela. Da segunda é <u>rua</u> pra coitada, que, mesmo sendo boa profissional, vai levar a culpa.

Faça uma hortinha de ervas na área de sua casa ou apartamento, em jardineiras. Além de serem úteis na cozinha, estimulam as crianças a cuidarem de plantas. Manjericão, alecrim, erva-cidreira, sálvia, orégano e tomilho são bem fáceis de cultivar e têm aromas deliciosos. Minha filha fica toda feliz quando usamos em nossas pizzas o manjericão que ela ajudou a plantar e cuidar.

<u>Sempre</u> confie no "sexto sentido" feminino, seja de sua mãe, mulher, ex, namorada ou filha.

Ande sempre com uma caneta e uma dessas revistas de palavras cruzadas e outros jogos pra crianças no porta-luvas do carro. São bem mais estimulantes e inteligentes do que joguinhos eletrônicos ou DVDs portáteis e entretêm do mesmo jeito. Dá pra você ver um jogo de futebol num bar com seu filho ou filha do lado numa boa. E permite alguma interação entre vocês.

Se não der para aparecer no dia que você combinou com sua criança, ou se está muito atrasado, ligue e peça desculpas. Prove que isso não é a regra e sim a exceção.

Engula todos os sapos possíveis e imploda os barracos que possam acontecer na frente de sua criança. Autocontrole se aprende em casa.

Se você é pai solteiro, não misture as coisas. Na hora em que você estiver com seu filho, seja um adulto responsável. Quando não estiver, seja o adolescente tardio que a gente adora ser.

Educar é amar. Aquele que não educa, não corrige, não castiga, ou é preguiçoso demais ou só pensa em si. É desgastante ter que parar o que se está fazendo para chamar a atenção de filho e é doloroso aplicar-lhe castigos. É difícil em determinados momentos ter que pensar em como falar tal coisa para que a mensagem gere atenção e seja entendida. Mas só fazendo isso você cria a ética do futuro adulto.

Manifestações de carinho, presença e atenção para com os filhos são, sim, provas de amor. Passeios de bicicleta, caminhadas no mato, viagens, piqueniques, geram laços eternos.

POSFÁCIO

ABERTO PRA BALANÇO

Comecei a escrever o *Manual* por conta da quantidade enorme de pais que mal veem os filhos. Não para me gabar de ser diferente, mas para mostrar aos medrosos papais que não existe nada demais em criar ou conviver mais com suas crianças. Como tudo, exige vontade, algum sacrifício, mas depois de algum tempo fica bem mais tranquilo. Eu tive muito medo no começo. Mas quando a gente descobre que até isso se aprende, que não precisamos necessariamente abdicar de nada em nossas vidas – talvez apenas mudar as coisas de lugar – e passamos a conviver com esses seres lindos que são parte de nós, descobrimos que é realmente o melhor dos dois mundos.

Quando a mãe de minha filha e eu optamos pela guarda compartilhada, a ideia nos pareceu boa por vários motivos. Ava teria convivência e o carinho constante de ambos e tanto a mãe quanto eu teríamos nosso tempo com ela e tempo para nos dedicarmos às nossas coisas, inclusive trabalho. Mas agora vejo que as vantagens vão muito além disso.

Ambos temos uma cumplicidade enorme com a nossa filha, a ponto dela nos contar suas aventuras, desassossegos e dúvidas, sem distinção; não temos ciúme da convivência dela com outros adultos, pois firmamos nossa presença, e nosso papel de pais é bem claro na cabecinha dela; exercitamos nossa comunicação durante esses anos e esse *know-how* garantiu menos ruídos; Ava continua sendo uma menina feliz e saudável, e não demonstra qualquer dificuldade em assimilar nossa realidade; dividimos as despesas igualmente, mas, no caso de um estar em maior vantagem financeira do que o outro, este assume mais gastos por um tempo.

Não quero fazer parecer que nossa relação seja perfeita. Existem estresses de várias naturezas e intensidades. Mas são passageiros. Quando se está junto acho que mágoas sobrevivem até mais do que quando estamos separados. E para o bem dos pequenos devemos engolir sapos e implodir barracos.

Considero-me um homem bem mais compreensivo com as mulheres depois que virei pai de uma. Tento a todo custo fazer com que minha filha fale em vez de gritar e que me retorne a compreensão com palavras em vez de choro. Gostaria muito que ela fosse uma mulher emocionalmente estável e que, exceto os dias de TPM, ela tivesse bom humor pra encarar os desafios da vida.

Compartilhar minhas experiências tem sido muito gratificante pra mim. Me correspondi com muita gente e me abri mais ainda para o universo infantil. Não quero que pensem que sou um pai perfeito. Errar todo mundo erra. O problema é ficar cometendo o mesmo erro por muito tempo, sem tomar nenhuma atitude, e não exercitar uma sensibilidade para as necessidades e demandas de sua criança.

No final, mesmo errando, quem cria com amor sabe que é um bom pai ou uma boa mãe. E amor não é beijo e abraço. Amar seu filho é se interessar por ele e se qualificar pra conseguir educá-lo. Dando carinho e tudo o que a gente sabe que é necessário: limites, responsabilidades, saúde, educação, ética, atenção e sensibilidade. Alguma sorte também é essencial.

Felicidades em sua nova vida.

AGRADECIMENTOS

Alexandre Pimentel
Camila Pacheco
Cris Guerra
Dodola Simões
Evandro Rogers
Fábio Cançado
Flora e Décio Beato
Geraldo Vidigal
Hélio Martins
Juliana Sampaio
Júnia Melillo
Laura Guimarães
Luciana Cotta
Maria Lúcia Simões

Paulo Cardoso
Simone Pazzini
Soraya Malheiros
Tania Zagury
Valéria Trinchero

Este livro foi composto na tipologia Bell Centenial,
em corpo 12.5/18, e impresso em papel offset 90 no Sistema
Cameron da Divisão Gráfica da Distribuidora Record.